京 市 高 等 学 校 教 学 改 革 项 目
央民族大学国家“十五”“211工程”建设项目

杨筑慧 编著

侗族风俗志

中央民族大学出版社

图书在版编目(CIP)数据

侗族风俗志/杨筑慧编著.—北京:中央民族大学出版社,2006.3

ISBN 7-81108-011-7

Ⅰ.侗…　Ⅱ.杨…　Ⅲ.侗族—少数民族风俗习惯　Ⅳ.892.372

中国版本图书馆 CIP 数据核字(2006)第 013685 号

侗族风俗志

编　　著	杨筑慧
责任编辑	黄修义
封面设计	赵秀琴　马　钢
出 版 者	中央民族大学出版社 北京市海淀区中关村南大街 27 号　邮编:100081 电话:68472815(发行部)　传真:68932751(发行部) 68932218(总编室)　68932447(办公室)
发 行 者	全国各地新华书店
印 刷 者	北京宏伟双华印刷有限公司
开　　本	880×1230(毫米)　1/32　印张:7.25　彩插:8
字　　数	193 千字
印　　数	2000 册
版　　次	2006 年 3 月第 1 版　2006 年 3 月第 1 次印刷
书　　号	ISBN 7-81108-011-7/K·101
定　　价	15.00 元

黎平肇兴鹅卵石花路

黎平肇兴鼓楼之一

黎平肇兴寨门

侗寨

侗族地区较早的风雨桥位于黎平高近村

广西三江林溪田园风光

黎平侗族小姑娘

（中国西部生态文化工作室供稿）

黎平地扪

黎平地扪石板路

从江鼓楼（目前侗族地区最高的鼓楼）

成为工艺商品的背带盖

榕江车江萨母祠

广西三江马胖鼓楼

广西三江程阳风雨桥

黎平肇兴

黎平口寨水井
（侗族地区古老的水井之一）

从江小黄拦路
（中国西部生态文化工作室供稿）

榕江车江

黎平地扪粮仓群

黎平登岑风雨桥

黎平地扪戏台

贵州从江高增寨的纺织

贵州从江高增寨的侗族姑娘

榕江大利村

黎平地扪歌手

水车（中国西部生态文化工作室供稿）

目　录

前言

侗族是中国南方具有悠久历史的稻作民族，主要分布在贵州、湖南、广西等省区毗邻的广大地区以及湖北省西部。据2000年全国第五次人口普查统计，侗族共有2960293人，其中贵州1628568人，占全国侗族的55%；湖南842123人，广西壮族自治区303139人，湖北69947人，散居全国其他地方116516人。贵州的侗族主要聚居在黔东南苗族侗族自治州的黎平、从江、榕江、剑河、三穗、镇远、岑巩，铜仁地区的玉屏、石阡、江口、松桃、万山特区，黔西南布依族苗族自治州的荔波、都匀、三都等县市；湖南的侗族主要分布在芷江、新晃、通道、靖州、会同、绥宁、洞口、城步等县；广西壮族自治区的侗族主要分布在三江、龙胜、融安、罗城、融水等县；湖北的侗族主要分布在鄂西的宣恩、恩施、利川、咸丰等地。侗族的分布区域基本连成一片，并与汉、苗、水、瑶、仫佬、壮、土家等民族形成交错杂居的分布格局。一般来说，人们习惯于将天柱、剑河、锦屏、三穗、镇远、新晃等地称为“北部侗族区”（多属长江水系），将黎平、榕江、从江、三江、通道、融水等地称为“南部侗族区”（多属珠江水系）。

侗族分布地区山峦起伏，海拔多在500—1000米之间。主要山脉有苗岭支脉、武陵山、佛顶山、九万大山等。群山间江河纵横，溪流密布，平川及河谷、盆地星罗棋布，主要河流有都柳江、㵲阳河、清水江、浔江、沅水河等。侗族地区气候温和，雨量充沛，适宜于粮食作物、瓜果蔬菜和林畜生长。主要粮食作物有黏稻、糯米、小米、玉米等，瓜果主要有西瓜、柑橘等。榕江西瓜肉厚皮薄，从江椪柑香甜多汁，均畅销省内外。

侗族居住地区的林木、动植物和矿产资源极为丰富，是全国著名的木材产地，且蕴藏量大，木质优良，主要有水杉、银杉、马尾松、香樟等。锦屏的“八年杉”、从江的“十年杉”，均为全国久负盛名的优良杉木品种。经济林木以油茶、桐油为著名。林副产品主要有木耳、香菇、五倍子、松茯苓、松脂油等。野生动物有虎、豹、猴、狐、野猪、穿山甲、娃娃鱼、鳖等。水鸭、香鸭、滚郎茶、香猪、香牛、马头羊等都是著名的土特产品。侗族地区山川秀丽，风景优美，民风淳朴，自然旅游资源和人文旅游资源极为丰富。新晃的仙人桥和夜郎谷、通道的独岩峰和瀑布群、榕江的笔架山、从江的贡寨瀑布等自然风光以山石峻峭、流水飞泻而著称；㵲阳河、都柳江、清水江，水清明澈，碧波荡漾，两岸林木郁郁葱葱，古榕盘根错节，绿叶展枝，村寨木楼鳞次栉比，鼓楼重檐翘角，凉亭横沟跨溪，形成了一幅自然与民族风情和谐的风景画。

侗族是古代越人的后裔，自称为“干”（Gaeml）或“更”(Geml)、“金”（Jeml)、“金佬”（Geml Laox）等，和壮、布依、水、毛南、仫佬等民族有历史渊源关系。侗族地区的古代居民，秦代时称为“黔中蛮”，汉代称为“武陵蛮”或“五溪蛮”，魏晋南北朝至隋唐时称为“僚”、“僚浒”或“乌浒”等，宋时有“仡伶”、“仡佬”、“仡偻”等称。明代有“峒人”、“峒蛮”之称，是侗族开始形成为单一稳定的民族共同体的标志，并已基本形成了今天的分布格局。清代侗族先民则多称为“洞苗”、“洞民”、“洞家”等，有时也被泛称为“苗”。新中国成立后统称为“侗族”。自秦汉以来，侗族地区一直被置于中央封建王朝的直接统治下。唐代，中央王朝在今湖南西南部、贵州东南部设立了诚州、徽州等羁縻州县，宋朝基本上沿袭了唐代的统治制度；元朝在侗族居住的黎平、榕江、锦屏、剑河等地设立了15个长官司，土司世袭其职，世领其地，确立了侗族地区的土司制度；明王朝在加强土司制度的同时，又在侗族地区设置卫、所，移民屯戍；清初在侗族地区实行“土流并治”，雍正改土归流后为流官直接统治。中华人民共和国成立后，在许多侗族聚居和杂居的地区成立了自治州和自治县、民族乡，如黔东南苗族侗族自治州，龙胜各族自治县，三江、通道、新晃、芷江、玉屏等侗族自治县。经过50多年的建设，侗族地区的经济、文化、卫生、交通事业得到了长足的发展，初步形成了自治地方的工业体系，农业科技广泛运用，学校教育从初级到高级规模化。一大批民族领导干部成长起来，侗族有了自己的企业家、科技工作者、文艺工作者，还有数以万计的大学生、硕士生和博士生。

在长期的历史发展中，侗族文化不仅继承了古代越人文化的主要特点，而且创造了自己绚丽多彩的民族特色文化。

侗族使用的语言属汉藏语系壮侗语族侗水语支，分南、北两个方言，其下又各分三个土语区。南部方言地区主要包括了榕江、通道、龙胜、锦屏、黎平、从江、三江等地（通常称之为南侗）；北部方言地区主要包括了天柱、三穗、剑河、新晃等地（通常称之为北侗）。南、北方言间基本能通话。新中国成立前，智慧的侗族人民就创制了一种汉字记侗音的文字，用于记载传承侗族歌谣等，但在社会生活中应用不广。1958年，语言文字工作者以贵州榕江车江章鲁话为标准音，帮助侗族创造了拉丁字母形式的侗文，现仍在推广应用中。

侗族是一个富于艺术创造的民族，在漫长的历史发展中，侗族人民创造了形式多样、内容丰富的民间文学作品，其中主要以诗歌和传说故事为主。侗族的诗歌可分为抒情诗、叙事诗、礼俗诗等。传说故事以开天辟地、历史事件、男女爱情、生活伦理道德、动植物等方面的内容为主。流传较广的民间文学作品如《勉王之歌》、《姜映芳歌》、《珠郎娘美》、《起源之歌》、《破姓开亲》、《开天辟地》、《洪水滔天》、《祖公上河》、《萨岁之歌》等等。侗族能歌善唱，其大歌享誉海内外。老年人教歌、年轻人唱歌、年幼者学歌，是侗族社会的传统风尚，故侗族地区有“诗的家乡，歌的海洋”之美誉。主要有琵琶歌、玩山歌、劳动歌、劝世歌、酒歌、儿歌、山歌等种类。侗族舞蹈有“多耶”舞、“龙喘”舞、芦笙舞、龙舞等。乐器主要有琵琶、芦笙、“牛巴腿”琴（“格以”）、笛、箫、唢呐、钹等。玉屏县所产“龙凤箫”，历史悠久，音色幽雅，工艺精致，名扬海内外。侗戏是侗族文学、音乐、舞蹈的民间综合艺术形式，古朴简单。剧目大多以本民族民间故事为题材，也有的吸收汉族小说或戏剧进行改编而成。

侗族是一个擅长建筑的民族，他们多聚居于风景秀丽、江河环绕的河谷坝区，或溪流潺潺的山脚林箐，一姓一寨或几姓同寨。建筑在寨中的干栏楼房鳞次栉比，古雅别致；别具匠心的鼓楼建筑高高耸立，飞檐翘角，蔚为壮观；寨边鱼塘禾晾架，风雨桥横跨溪流，构成了一幅古雅别致的人文景观，充满了浓郁的民族生活气息。从江增冲鼓楼和三江程阳“风雨桥”，显示了侗族工匠高超的建筑技艺。侗族民间工艺品种类繁多，其中以纺织、刺绣、编织和银器打制技艺最为精湛。侗锦、侗布、亮布、斗笠、竹篮、银花等，均是闻名海内外的工艺品。

侗族服饰绚丽多彩，妇女一般着右衽或对襟无领衣，滚栏杆花边，有的短及腰，有的长及膝；下穿百褶裙或长裤，有的小腿打绑布；头或绾偏髻或以梳盘髻，有的还包帕。喜戴各种银饰，如耳环、项链、项圈、手镯、戒指、银花等。男子一般着对襟或右衽无领衣，包头帕，穿大管裤。其衣料多为自纺自织的侗布、细布，喜蓝、白、青、浅蓝、紫等色。现在，侗族传统服饰多有改变，尤其是一些与汉族交往较为密切的北部方言地区，民间已多着汉装；而南部一些地区的民族传统服饰也主要保存于中老年妇女中。

侗族以大米为主食，辅以小米、玉米等，喜吃糯食。肉食、蔬菜品种较多。酸辣食品普遍为侗族所喜爱，他们常将青菜、辣椒、肉、鱼等入坛或木桶腌制，且以“腌鱼”、“腌肉”为待客上品。油茶、糯米酒亦为侗族喜好，常以之待客。饮食习惯一般日进三餐。侗族多聚族而居，山区多居“干栏”式楼房，楼下堆放杂物，放养畜禽；平坝地区大都居两层楼房，楼下住人，楼上堆放杂物。建筑材料以木材为主。

侗族实行一夫一妻制，同房族禁婚。婚恋较自由，“行歌坐月”、“玩山走寨”等方式成为青年人交往、谈情说爱的主要方式，情投意合者，男子即请媒人到女家说亲。婚姻的缔结需通过“说合”、“订婚”、“迎娶”等过程。侗族人成婚较早，一般多在十七八岁即订婚。历史上盛行“姑舅表婚”，妇女有“坐家”或“不落夫家”习俗。现在，这些习俗在许多地区已松弛或消失，家庭财产实行父系继承制。

侗族节日多与汉族相同，主要有春节、清明节、端午节、中秋节等。一些地区侗族有过侗年节、三月三、吃新节、四月八的习俗。“斗牛”、“月也”、“抢花炮”、“抬官人”、“塞寨门”等，是侗族人喜爱的娱乐活动。侗族宗教信仰有自然崇拜、祖先崇拜、鬼神崇拜等。女神“萨”被认为是神威最大、能主宰一切的神灵，为许多地区侗族所供奉。

异彩纷呈的传统文化是侗族人民生生不息的精神财富。今天，侗族的传统民俗在部分侗族地区，尤其是南部方言侗族地区仍然较好地保存。浓郁的民俗与秀美山川的和谐共存，构成了一幅如诗如画的侗族风俗画卷。

需要提及的是，20 世纪 80 年代后，随着农村经济体制改革的深入和对外联系的加强，以及大量青年男女外出务工和妇女外流，侗族地区的一些传统习俗也逐渐发生了变化，如服饰、饮食、婚姻、民间技艺等，尤其是人们的思想观念，许多传统的价值取向不再成为人们互动的标尺。与此同时，随着旅游业的发展，许多传统文化又处在“再造”过程中，使侗族民俗在社会转型时期呈现出别样的景致。

一、物质民俗

生产方式

侗族是一个以稻作为主的农耕民族，主要分布在亚热带低地河谷。这些地区终年温和湿润，年降水量在1200毫米左右，年平均气温在16℃以上，冬无严寒，夏无酷暑，良好的自然环境，为侗族农业生产的发展创造了极为有利的条件。在侗族居住的湖南靖州县新石器遗址中发现了炭化稻，证明早在4000—5000年前，这一地区滨水的居民就开始了水稻种植。在长期的生产活动中，侗族民间形成了许多固有的生产习俗和生产经验。

□耕作制度

侗族地区的耕地主要分为水田、旱地、园地、火烟地等。水田又可分为坝子田、山冲田和高坡梯田。按水利、阳光、土质等自然条件水田一般又可分为三等，等级越低，所费工也越大。上等田主要分布在村寨周围，水源充足，施农家肥量大，多为黑黏泥；中等田多为高坡梯田，一般有水利灌溉，施肥量不大，土质一般是白黏泥或黄泥；下等田则多分布在山冲或山阴冷处，光照不足，施肥量又少，土质以夹沙泥为多。旱地多分布在水田和山林之间，一般没有水利设施。火烟地多在山林与稻田接合部的空隙灌木丛或荒草地上火耕垦殖，此类地不多。园地则是房前屋后或村寨附近以种植蔬菜为主的耕地。不同的耕地，在侗族地区其耕作技术也有一定差别。

水田主要种植稻谷。历史上侗族主要实行水稻一熟制耕作。稻田每年只种一季迟熟的中稻，籼稻在处暑至白露之间收割，如广西三江侗族有“处暑一片黄，白露一扫光”的民谣。粳稻、糯稻则在霜降至立冬间才能收割。

旱地作物在南部方言地区通常也是一熟制，一般是种玉米、红薯、旱禾、棉花、黄粟、小米、豆类等作物。现在，旱地多为二熟制，有早玉米和晚玉米连作，早玉米和红薯，旱稻和小麦，棉花和小麦，棉花和蚕豆、豌豆，黄豆和小麦，黄豆和蚕豆、豌豆等轮作二熟制。棉花是侗乡的主要经济作物之一，过去几乎家家种植，是妇女们纺纱织布的主要原材料。棉花适应能力较强，新地熟地均能种植，但熟地产量高于新地，故多种在熟地上。一般 4 月上旬撒种，撒种前要先施基肥，即以草木灰拌入人粪便搅成胶状肥浆，再拌和棉花种子，然后撒种。播下 10 天左右，当秧苗长至四五寸时，即开始间苗，把太密的秧扯去，株距为五六寸，再过 10 天左右，除头遍草并追肥一次，往后 15 至 20 天除二道草施二遍肥，至 7 月中旬开花结果，8 月棉球绽开时即可摘收。

侗族讲究精耕细作。水稻的选种一般为块选，即选择稻谷生长良好的田块作留种，将长而颗粒饱满的谷穗收后另放一处，晒干，待下年谷雨后取出脱粒，用清水泡浸两日，使谷粒吐出嫩芽，即撒入秧田。秧田要选择阳光充足、土深泥肥的田。其耕作技术比一般的水田要精细，一般经挖翻、碎土，三犁三耙，施足畜粪作基肥，然后才能撒秧。多数水田是一犁三耙或二犁三耙。在山区水源少的地方，为防止春旱，每当秋收结束，侗家人就把翻犁板田当成首要大事，最晚也要在年前把田犁完。侗族民间因此有“挑粪着田，不如犁田过年”，“担粪下田，不如泡冬过年”

的民谣，这样可以把稻棵翻到土下沤烂变成肥料，也可以把土下的各种寄生虫翻到土上让太阳曝晒或霜冻冻死，以使来年庄稼免遭病虫害。到第二年的农历二月，男男女女即送粪上田、修田坎、耙田，做好撒种前的准备工作。一般而言，稻田要经过挖翻一次，打碎一次，三月开始耙头道，同月下旬耙第二道，四月初耙第三道，并开始割田坎草、糊田基，将割下的草踩没于田中，使之沤烂作基肥。清明的前后几天撒种。侗族民间有谚云："清明下早种，谷雨撒迟秧"。撒种后35天左右，待秧苗长到六七寸后即可拔秧另行栽插。栽插时间一般在农历的四月底以前，最迟不超过五月初五，超过夏至栽秧就被人耻笑，粮食就要减产。栽秧后半月左右即行薅头道田，薅烂泥田时用脚踩拔。再过20天薅第二道田，如有肥料，可追肥一次，并割田基草，将杂草放入禾田行间踩入泥中作绿肥。还有的薅三道田。七月中旬，稻禾开始抽穗，俗语说"见面四十天"，即抽穗后40天，至八月下旬，稻谷成熟即可收割。在稻谷成熟期如遇大风，为了防止谷粒脱落或禾穗倒伏，有的地方还在田边插木条拉上草绳，以防风灾。20世纪50年代以后，南部侗族许多地区的生产由水稻一熟变为双季稻，或水稻—油菜两熟制；榕江县车江大坝的侗族是水稻—油菜—西瓜三熟制。按照生产节令安排生产，晚稻栽插最迟不超过公历7月，否则要减产。

侗族人十分勤劳，一年的农事活动安排得井井有条：正月砍柴堆放，二月翻地拓荒，三月浸种下秧，四月耙练田塘，五月薅牛催膘，六月种棉薅苗，七月修割田坎，八月铲油茶山，九月铡禾上晾，十月放禾归仓，冬月修补田塘，腊月齐家欢畅。[①]

湖南通道的侗族还根据传统的农业生产经验把一年生产安排编排成琵琶歌吟唱：

---

①、吴祥雄主编：《湖南侗族风情》，第29页，岳麓书社，2003年版。

正月莫恋鞋袜，进山砍柴堆放。
二月挖土翻地，铲去杂草畲荒。
三月整理秧田，专候夹梨花放。
四月雨水充沛，赶耙旱田山榜。
五月芒种秧茂，耕牛催膘迎战。
六月薅包谷地，棉花粟米勤铲。
七月砍割田坎，谷物免遭鼠殃。
八月摘棉种蒜，及时铲油茶山。
九月霜降摘禾，抢收回寨上晾。
十月禾把下晾，芋头红薯归仓。
冬月工夫稍缓，修补崩塌田塘。
腊月年关又到，合家团圆齐欢。
年年工夫依旧，四季切莫懒散。

侗族喜欢吃糯米，20世纪80年代前，糯稻的种植十分普遍，尤其是南侗地区，20世纪50年代前，有的地方糯稻种植面积占水田面积的90%以上，有“糯谷之乡”的美誉。糯谷籽种采用穗选，多在次年清明后扬去瘪禾，扯去禾须，然后再浸种。秋收时用一把禾镝（侗语称 tidi，约长1寸）一穗一穗地摘收后捆成捆，晾在寨边的晾禾架上。每个侗寨都建有晾禾架，用以挂晒禾把，称为“禾廊”，几家共用一个或一家一个。秋收时节，整个村寨周围的晾禾架上都挂满金灿灿的禾把，如同寨墙一样，美不胜收。待禾穗晾干，通常全寨人邀约同一天将禾把下晾，收进谷仓。放禾晾的当天，彼此互助，各家准备丰盛的酒菜，相互邀约宴饮，称为“晾禾酒”。20世纪50年代农村“合作化”以后，建立了集体粮仓、晒谷坪。

侗族地区有粳稻和糯稻20多种，糯谷有红糯、黑糯、白糯、长须糯、秃壳糯、旱地糯、香禾糯、荣帕糯、竹岔糯、野猪糯等品种，其中以香禾糯为“糯中之王”，香甜可口，有“一家炊饮全寨香，一亩香糯十里香”之誉。仅贵州侗族地区，计有糯稻品种 40 多个。①

对病虫害的防治，在新中国成立前，或以鲤鱼、鲫鱼等水产动物防治根叶甲、二化螟，或以“捞篼”放鸭子啄食等方法防治蝗虫，或以陷阱、套绳等预防危害庄稼的野兽，或以粘膏、套绳、“风弓”、“水碓”、“稻草人”等方法防治雀害。现已多使用化肥、除草剂。

□副食蔬菜

侗族多数人家饲养牛、猪、鸡、鸭、鹅等畜禽，肉食即源于此。过去，一些地区侗族群众没有饲养母猪或郎猪的习惯，养此者多为老妇人或独身男子，配种时需按市价到有郎猪的人家配种。现在，这种观念有了改变。此外，河田和池塘里的鱼、螺、泥鳅、黄鳝，以及山上的野味等，也是侗族群众肉食的来源之一。侗族主要种植白菜、青菜、莴笋、葱、蒜、姜、韭菜、萝卜、南瓜、冬瓜、丝瓜、黄瓜、豇豆、四季豆、辣椒、西红柿、芋头等。在一些地区，辣椒不仅自食，还是与市场交换的主要经济作物之一。

□主要生产工具

侗族的主要生产工具有锄头、镰刀、禾剪、犁、耙、刮子、刀、畚箕、箩筐、谷桶、水车、石磨、石碓、碾等。有的地方使用锄头挖田，用牛耙地。1958 年以后曾一度推广拖拉机、打谷机、榨油机等农具生产。20 世纪 80 年代以后，农村实行了联产

---

① 贵州省地方志编纂委员会编：《贵州省志·民族志》(上)，第 267 页，贵州民族出版社，2002 年版。

承包责任制，拖拉机和打谷机多在河谷使用，山区基本不使用。另有轧花机、弹花弓、纺车、木构件织布机等纺织工具。

□劳动分工

侗族主要从事农业生产，当儿童长到十三四岁时即开始参加生产活动，如果到了一定年龄还未参加劳动，则往往要受到社会舆论的谴责和鄙视，民间有："好女不嫁好吃懒做郎"的谚语。社会中劳动分工明显，民间称："女不犁田，男不插秧"。一般男子主要从事竹工、木工、石工、铁银匠，以及砍树、挖新地、犁田、耙地、打谷、挑谷、放鱼等，妇女则育秧、栽秧、插秧，下地种植蔬菜和棉花、打谷、挑谷等田间地头劳动，还兼理炊事、照料小孩、纺纱织布、家务、酿酒、腌制各种酸菜、酸鱼、酸肉等。正如一首情歌唱的那样：亲爱的姑娘哟，如果我能得到你，不让你上高山（打猎），不让你下江河（捕鱼），不让你握锄头（耕田耙地），不让你扛斧头（伐木拉山）；让你在家纺纱织布，做做家务活……在侗族民间，还保留着原始的互助习惯，如春耕、秋收、砍树、开垦新地时，往往三五成群换工。换工日数不多，两三天为限，且没有一定的组织或领导人，只要双方愿意即可，一般在邻居和亲友之间进行。换工不计较劳动力强弱、技术高低，以及劳动工具的优劣，更不计较主人招待的好坏。这种换工形式侗家人称为"吃高餐"。现在，为共同致富，人们常常把那些缺乏劳动力或缺少耕牛农具的农户首先定为换工对象，甚至直接帮助。

除了农业生产外，还有以房族为单位互相帮助的习惯。如族内有人家遇红白喜事，建房盖屋，大家齐心协力出工帮助，不取任何报酬，仅由主人供当天伙食而已。如遇村寨的公益事业，如架桥、修路、修凉亭等，则往往打破族界，齐心协力完成。

□**农耕礼仪**

开秧门。许多侗族地区水稻育秧的时间选在清明以后属水的日子泡种，播种时要在秧田边焚香化纸，薅少量秧苗栽一小丘，或在大田边栽插几十株到自己家秧田边敬“秧神”，以求庇佑秧苗插到大田后生长茁壮，颗粒饱满，称为“开秧门”。以后不论何日均可栽插秧苗。插完秧苗后，在田边铺几张纸钱，用三炷香穿插纸上朝向三方。之后，将犁耙洗净存放，并邀请好友饮酒庆贺。

榕江侗族撒种时，有的拿上几炷香、几张纸钱和几根鸡毛或鸭毛捆在一根竹竿上，有的则夹在五倍子树枝上，插于田中。认为这样可以避邪，保证秧苗茁壮成长。20世纪90年代以前，谷种下种之后，芦笙要封存起来，直到秋收前不准吹奏。认为吹芦笙会使秧苗发黄变烂，庄稼减产。

在许多地方，农历四月初八是牛的生日，这一天要让牛休息一天，除供给青草饲料以外，还要喂一些米酒和米饭。平时，母牛下崽后，牛胞衣不能埋，要用竹篮和簸箕高高挂在野外的树桠上，这样牛崽可以祛病，生长健壮。

端午节要到田边祭田，挂几张粽粑叶子在田中，祈求风调雨顺，五谷丰登。八月十五俗称“苕生日”，开锄挖苕，祝苕快长。农作物收割完毕，稻谷晒干归仓，过“封仓节”，祭祀祖先，封仓避鼠。

驱虫礼仪。新中国成立前，稻苞虫、蝗虫对水稻的生长时有危害。侗家人祈求神灵驱除虫害，有的地方在一根木棍上扎一个草标插入田中，意为驱虫消灾；有的地方在蝗虫出现时，由寨老领着村民，人人打着火把绕田埂上周游后，在溪边放纸船、烧香纸，意为“驱蝗”。有的则在蝗虫出现时，由小孩在田垄上舞耍草龙，之后焚纸钱，烧纸船，称“舞草龙送蝗”。

农业种植之外，侗族人也喜爱养殖、捕鱼和狩猎。

□稻田养鱼

侗族有稻田养鱼的习惯，放养方式主要有两种：一是“稻鱼连作”；二是“两秧两鱼”轮作。稻鱼连作即一鱼两稻的放养方法，鱼苗在头苗开始插秧时放到田里，在二苗收割之前捕捞，稻换季不影响养鱼。这种养鱼方法的连作田，多是水源充足、通风向阳，田埂坚实能保水蓄肥的水田。“两秧两鱼”轮作，即利用中、晚稻秧田培育鱼苗。其方法有二：一是早稻插秧之后，在中稻田里培育鱼苗，50—60 天后，再将鱼苗投放大田，稻子出穗黄熟期间开田捉鱼；二是利用晚稻秧田培育鱼苗，到晚稻插秧时将鱼苗投放大田，由于秧田肥沃，鱼苗生长较快，当晚稻成熟时，鱼也长大了。

在放养技术方面，主要是解决好稻和鱼的种养时间和比例问题。种植中稻多以粳稻、糯稻为主。中稻插秧 5 天后，就可以蓄水养鱼。一般每亩放养 1 寸规格左右的鲤鱼 150—200 尾左右，草鱼 10—20 尾为宜。草鱼长至 1 市斤时，需迁进鱼塘放养，否则会影响水稻生长。早稻插秧在四月中下旬，与“三月鲤”放养的时间有矛盾，因此，侗族人家先把“三月鲤”寄养在池塘或未插秧的中稻田里。待早稻插秧 25 天后再转移到大田放养。早稻田一般不养草鱼，晚稻田主要放养“七月鲤”。稻田养鱼还需要处理好养鱼与晒田的矛盾。水稻种植大多数要进行晒田，晒田之前，要先挖好鱼沟鱼坑，晒田时将鱼赶入沟、坑内，晒田后复出水田。增施农家肥，为稻鱼提供充足养料。稻田青草绿肥丰富，浮游生物和底栖动物较多，多施农家肥可以使粮鱼双丰收。稻田的进水口要用竹片和杉木条设置拦鱼网。鱼沟、鱼坑要用带叶树枝盖阴棚，供鱼栖息、避暑。

□捕鱼

侗族人常用的捕捞工具有：渔网、渔枪、鸬鹚、鱼筌等。常用的捕鱼药料有：石灰、油茶麸、铜钱草、辣蓼草等。

在大的江河中捕鱼用渔网、渔枪、鸬鹚、鱼梁、鱼筌，还用毒鱼、醉鱼、钓鱼、电鱼（20世纪60年代后）等方法。春天雨多河水浑浊，多采用钓捕。冬天河水小而清，多用鸬鹚和渔网。现在许多人用带电的渔枪夜间捕鱼，在船头悬挂雪亮的汽灯，捕鱼者利用鱼群见光不散的习性，用电渔枪进行捕杀，此举对鱼苗造成危害较大，也严重影响了鱼类的生长和繁衍。

在小河中捕鱼通常用渔网捕捞，或用石灰、油茶麸毒鱼；用铜钱草、辣蓼草、柳树叶等药物醉鱼。使用前将药物捣烂成一团，塞进鱼群栖息的水中岩洞里，几分钟后鱼被毒醉，轻者外逃撞网被捕，重者醉浮于水面。也有的地方是采取竭泽而渔的办法，将一段河道拦截改道，使下游变浅以捕捉鱼虾；有的从上游施放药物（多为油茶麸或净江藤）把鱼毒昏，然后捕捉。

鱼梳叉鱼。春夏之际，河溪水暖，渔人便在晚上点上火把，沿溪河两岸寻找游鱼。见鱼，便用铁制、状如梳子的鱼梳向鱼叉去，即可将鱼捕获。

竹床吸鱼。即在溪河中央顺水流方向用木头作架，竹条为面，制成宽3—4米、长4—5米，倾斜30°的渔床。渔床底部朝上游，用石压紧，筑成一道石坎。溪河涨水时，洪水卷夹鱼入渔床，水从竹条缝隙中泻流，鱼则留在竹床上，待水退却，即可捡鱼。

鱼梁捕鱼。这是侗族地区较早使用工具捕鱼的方法。在河滩头将水理成筒水，用木（竹）连成上大下小的排，上端入水，下端翘离水面，排下安以支架，从上往下游的鱼被水冲上排后即可捉获，大的鱼则用棒从两边打。历史上，清水江、㵲阳河、都柳江的干支流上鱼梁处处，河上的交通常常被阻塞。现在由于鱼资源减少，鱼梁捕鱼之法用得越来越少了。

捞捕。用长杆撑网兜在岸边捞，此法常用于涨水时。

转捕。多在山沟小溪中用，转为竹子所编。分塘转、滩转。另外还有专放在水田中捕泥鳅的泥鳅转。

筛捕。渔筛为扁圆形，口开于上，口小肚大，鱼进来后不能出去。

□林业种植

侗族自古就有开山种树的习惯，并学会了育苗、移栽、培育、林粮间作等技术，民间有风景林、护寨林、桥头林、寺庙林、祭祀林、众山林、茶山林等。所栽树种以杉树为多，有“杉林之乡”的美誉。锦屏的“八年杉”、从江的“十年杉”都是侗族地区有名的速生树种。新中国成立前，清水江、都柳江、㵲阳河沿岸的一些侗族村寨，在夏秋之际，还有集体到山上薅修山林的习俗。其时，山林所属权可分为村寨、家族、小家庭等形式，但以小家庭私有为主。造林形式约有三种：一是山主自造，即在自家山地中植树；二是买山造林，即山主无能力自造，把荒山卖给别人去造，以后卖林木收入归买山造林者所有；三是承包造林，即山主无能力造林，又不愿意卖山，有能力造林者与山主商议，并请中间人写成契约，然后植树，一旦成材卖出，收益各得一半。荒山造林时，有的第一年先在地里种上小米，第二年种玉米，并开始兼植杉树苗和点播油桐籽，以后则停耕育林。居住在广西龙胜平等寨的侗族有一种套种方法，叫“三五七制”。即在同一块土地上套种玉米籽、油桐籽和油茶籽。立秋之后，玉米成熟了，油桐、油茶也开始长高。次年，再种玉米或木薯，秋天收玉米或木薯，油桐、油茶苗也长得二三尺高。第三年不再种粮食作物而仅护苗，立冬则可收桐油果。三年后，桐果“红盖”渐枯，而油茶树却满枝茶果。故民间称之为“三年杂粮五年桐，七年茶果满山红”。

在不少侗族地区有种“十八年杉”的习俗，即当儿女出生时，栽上一片杉树，待儿女长大成人时，树木也长成材，正好作婚嫁用。一些侗族村寨还有立春后第一天上山种杉树的习俗，称为“立春种杉，成林发家”。民间还有“家栽千蔸杉，子孙享荣华”的俗语。侗族人不仅善种树，也善护树，对于那些乱砍滥伐者，在其习惯法中均有惩罚措施。如清嘉庆二十年（1820）立于锦屏九南乡水口寨的《永世恩功护林碑》规定：“大木若有盗伐者，罚银三两，招谢在外”，还有“不许砍伐枝桠，犯者，罚银五钱。”民国初年，从江小黄寨乡规民约曾规定：“凡在封山地砍伐一木者，罚银百两，宰黄牛一头，泥鳅六十斤，分给各户”。①

此外，在长期的生产实践中，侗族人也总结出不少林木砍伐的经验，如“拉树要韧，放树要帮衬”，“放树不准唱山歌，拖树不准放懒索”等。“生活要丰盈，两手抓住林”成为侗族人民的传统美德。

□狩猎

侗族主要居住在林木茂盛的地区，山区中各种鸟兽较多，为防止鸟兽危害农作物和丰富日常生活，在农闲之余，少数男子也喜上山狩猎。狩猎的方法主要有撵山、设陷阱、安铁夹、置踏板、火攻、装笼、放毒药、伏击、鸟枪打、膏粘、水灌、网捕、烟熏等；用驯化过的鹞、鹰捕捉野鸡、野兔、鹌鹑；用媒鸟引鸟等。狩猎多在冬季和初春进行。

撵山是山区侗族狩猎的重要方法。秋收结束后，猎手们就开

① 转引自贵州省地方志编纂委员会编：《贵州省志·民族志》（上），第272页，贵州民族出版社，2002年版。

始上山撵山。撵山人数少则5—6人，多则40—50人。参加者均为男子，小的十几岁，大的六七十岁。大规模撵山，先选举领头人，制定围猎计划，准备枪支、弹药、干粮。之后，领头人于当天晚上设坛祈祷祖先，祈求出行有收获。次日鸡鸣三遍后，领头人至寨中吹哨领行。人们背着干粮，带着猎枪，牵着狗到寨外集合出发。途中不许说话嬉笑。到达目的地后，先由领头人烧香焚纸祭祀山神，求山神赐予猎物。之后进行理脚、狙击的分工。理脚者专门寻察野兽足迹和指挥猎狗；狙击手专门守候于野兽必经之隘口，伺机射击。领头人则观察地形、地貌，分析野兽行踪，指挥调动人员。分工布置停当，切忌声张。听到狗吠即知猎物出现，猎手们各就各位，枪响后听到哨声便知得手，大家集中。若只听到枪响而无哨声则知还未成功，于是继续撵山。有时为追踪野兽要走出上百里地，历时数十天。经验丰富的猎手，到一座山后只要观察一阵子便知道该山有无野兽，有哪种野兽，有多少，所以打猎很少扑空。猎物的分配是：理脚者和猎狗享受猎物蹄，一枪击中者获猎物头，若一枪未死复枪者得猎物颈部，其余部分全体平分。在猎物打死但未捆抬上路前，凡过路者见到都可分一份，民谣说："高坡撵羊，见者有份。"

取蜂蛹是一些侗族地区青少年男子一项狩猎兼娱乐活动。秋季中稻收割后，小伙子们三五成群，带上蝗虫做成的诱饵以发现蜂巢，并用火烧或烟熏的方法将大部分成蜂烧死或熏死，之后掏出蜂巢，取出蜂蛹。

陷阱。在野兽出没的地方挖陷阱，上面虚铺树叶杂草，野兽陷落后即可捕获。侗族人传说猪是通过这种办法捕获驯养的。

□手工业

侗族手工业没有脱离农业成为一个单独的生产部门，仍处于自给自足的状态。民间传统的手工业主要有纺织、编织、金属打制、木工等。

侗族的纺织业具有悠久的历史，侗款款词中也有“男子游村走寨，女子坐家绩麻”的词句。纺纱织布被视为一个女子必备的才智和技能，从棉花、苎麻的种植到纺成线，织染成布，做成衣裤、被褥，均由女子承担。过去，几乎家家都备有纺车、脚踏木制织机。姑娘们从十三四岁开始，就在母亲的指导下学习纺织、染布工艺，挑花刺绣，及至出嫁，均能为自己织绣出许多布匹、织锦作为嫁妆。

侗族纺织品主要有侗布、亮布、侗带、被、侗锦等。侗布用棉花、苎麻等纺织，主要有黑、蓝、白等色。布料结实耐用，布纹紧密，有平纹、斜纹、花椒眼纹等布。与纺织技艺相关联的浸染技术同样精湛。侗布一般有白、青、蓝和花色四大类。其中青蓝多用蓝靛浸染而成。蓝靛既有野生的，也有人工栽培的。传统的靛染工艺要经过过滤糯稻草灰水后，加入夏枯草、茜草、虎杖草等中草药，再放入适量的石灰水、米酒、甜酒和蓝靛，不断搅拌制成染料。染布时，将白布投入染缸，反复浸染和晾晒，有的还加入其他物料，如黄豆浆、牛皮胶水等，即染成不同色彩和质地的侗布，其中的亮布就是侗族人织染技艺的代表之一。亮布，又叫“蛋浆布”、“蛋布”、“蛋清布”，系由白布加工而成。工序较复杂。白布织好后，用清水漂洗，晒干置入蓝靛染桶中浸泡除白，一日反复两三次，每次约泡两小时。除白后，再加蓝靛斤余和糯灰 30 余斤反复染晾，布渐成青黛色，然后再用牛皮汁浸泡，布成硬质。又置于石板或木墩平板上捶打晾晒，经反复涂抹蛋清和漂、染、晾、捶等工序，最后才制成一匹亮布。此布宽约尺余，为紫铜红色，闪亮发光，多用于节日盛装布料。侗锦多用于被面、垫毯、头帕、背带盖、帐帘、绑腿等，用黑白棉线或黑白棉与彩线织就，分素锦和彩锦，多为几何形图案。精美、结实的侗布、侗锦久享盛誉。清嘉庆年间人李宗昉在其《黔记》中说道：今从江龙图、贯洞出产的蓝布，天柱、锦屏所产的“峒帕”，黎平曹滴洞的“峒锦”，都“精者甲他郡”。民国初年，榕江车江一带所产侗布还曾在重庆全国手工业展览会上获奖。

不过，20世纪90年代后，在许多侗族地区完全靠自纺自织的家机布来满足家人穿戴的家庭已不多，有的家庭甚至纺纱机、织布机长年不用，越来越多的姑娘也不会纺纱织布，一些复杂的织染技艺更生疏，民间传统的纺织技艺正处在渐渐的消亡过程中。

织布机

编织主要为竹、草、藤器制作，多为生产、生活用具，如箩筐、簸箕、渔篓、竹篮、斗笠、竹席、竹笼、草鞋、藤椅、饭蔸等，主要由男子承担。图案有几何形、方格形、菱形等。有的竹器、藤器编好后还涂上桐油，金黄油亮，既美观又耐用。

金属打制主要有铁器、银器打制。一般村寨里都有几个铁匠，除了从事农业生产活动外，还兼事为群众加工生产工具及一些生活用具的劳动，如锄头、犁铧、柴刀、三脚架等。银器制作主要加工银制装饰品，如簪、梳、项圈、手镯、戒指、钗、钏、

染缸

花冠、耳环等。工艺甚为精致。

侗族地区盛产木材，村寨里和家中的许多用具均由木材制成，如房屋、鼓楼、凉亭、花桥、桌子、椅子、凳子、床、箱子、柜子、甑子等，无一不是当地侗人木匠所制。木匠的传承既有父子相传，也有师徒相承。一般是先做粗活，后做细活，当其能单独掌墨建造房屋或桥梁时，便可以出师了。技艺高超的木匠在村寨中享有较高地位，尤其是鼓楼、风雨桥的掌墨师，更是受到人们的尊崇。

贸易交通

传统的侗族社会是自给自足的农业社会。侗族内部家庭与家庭之间、村寨与村寨之间，由于经济结构相同，因此相互间的交换需求十分有限。侗族地区的民间贸易，多是在近现代汉族商人进入后，在与汉族地区和汉族商人的影响和交换中发展起来的，并在一些交通便利地区形成了初级市场。历史上的物物交换是民族间互通有无的传统方式，主要与苗等民族进行，如米易盐、米易布、布换鸡鸭、鸡换铁锅、辣椒换碗换盐、首饰换猪牛等。从事物资交换的多半是中老年妇女。对外交换的主要商品是大米、桐油、木材等。侗族地区山川险阻，陆路交通十分不便，江河运输是侗族内部及与外部联系的重要渠道。由于长期不从事商业活动，侗族中能经营善贾者甚少，民间俗语称："吃饭不如老屋场，耕田种地为大本，生意买来戏台官"。意思是，种田种地是吃饭之本，生意买卖虽然有大利可图，但盛衰无常，不可靠。

□木材交易

林业生产是侗族仅次于农业的一个重要生产部门。侗族聚居的黔东南地区森林茂密，是我国重要的木材出产地。木材的交易主要集中在清水江流域和都柳江上游（榕江流域）。清代乾隆十四年，贵州巡抚爱必达编纂的《黔南识略》一书记载道："自清江（今剑河）至茅坪（属锦屏县）二百里，两岸翼云承日，无隙土，无漏荫，栋梁桷，靡不备具坎坎之声，铿訇空谷，商贾络绎于道，编巨筏放之大江，转运于江淮者，产于此也。"光绪初年编修的《黎平府志》说："黎郡……杉木则遍行湖广及三江等省，远省来此购买。在数十年前，岁可卖二三百万金。黎平之大利在此。"锦屏县侗族聚居的茅坪、王寨、卦治是清水江流域最著名的木材集散地。清水江锦屏以上的杉木林区是侗族、苗族的聚居区，汉族木商由于和当地少数民族在语言和民族心理上有较大的隔膜，不能直接进行贸易，需要有中间媒介。茅坪、王寨、卦治的侗族和上游经营木材者（俗称山客）是同一民族，语言相通，文化相同，又因为其所在地理位置的关系，较早就与从清水江下游来的汉族商人（俗称水客）接触，熟悉汉族语言与文化。于是，外地木商与本地木主贸易的中间媒介就由此三寨的侗族人承担，以后经封建地方政府行文特许，固定由三寨侗族充当中间商人。根据传统习惯和规定，山客和水客不能直接贸易，三寨以上所产木材只能放到三寨，不能往下。下游水客也只能上到三寨，不能深入林区。由这三个寨子侗族人开设的“木行”承担木材交易的中介工作，提取佣金。木行每年按规定向政府交纳营业税。锦屏三寨的木行，主要由当地王、文、龙、张、刘、杨、吴七姓把持，世代相袭。其中，又以王、文、龙三姓侗族势力最大。根据国民政府实业部《中国经济年鉴》的统计，民国初年清水江流域杉木每年外销总价值600万元，锦屏、靖州的木行、木栈全年佣金收入为18万元，一般年景也不下10万元，加上高利贷和木商浮报开支及聚赌抽头等收入，全年不下20—30万元。因此，开行之富者腰缠万贯。[①] 历史上锦屏从事木材贩运的侗族苗族“山客”，多为较富裕的农民，也有通过木材贩运而致富的贫穷者，所经营的木材少数是自有，多数购自他人。山客的数量通常是随“水客”的数量而变化，多时达2000—3000人。在木材贸易兴盛的年代，相当一部分村寨中头脑稍灵活一点的人从事木材经营，由此成为巨富的贫穷者也不乏其人。锦屏民间流传的“姚百万、李三千，姜家占了大半边”的民谣，指的就是因木材发迹的几个山客。

受杉木以商品的形式进入集市交易获利较大的影响，侗族民间普遍开展人工造林活动，并形成传统。侗族农民多在春季造林，大多数家庭都有砍木拉山、放排运木的经验，在清水江、都柳江流域沿江地区的许多侗族人是以放木排为生，出售杉木也成

① 贵州省编辑组编：《侗族社会历史调查》，第35页，贵州民族出版社，1988年版。

为当地侗族长期以来的一项重要收入来源。

□油桐贸易

油桐是我国特有的经济林树种，也是四大木本油料树种之一。油桐籽榨出的油叫桐油，不能食用，但却是很好的工业用油。它具有不透水、不透气、不传电、抗酸碱、防腐蚀、耐冷热等特性，在工业上广泛用于制漆、塑料、电器、人造橡胶、人造皮革、人造汽油、油墨等制造业。黔东南盛产杉树的侗族地区也适宜油桐的种植。20世纪上半叶，由于国际市场对桐油的大量需求，极大地刺激了侗族地区油桐树种植。与杉木相比，植桐周期短、收效快，四年即可有大收成，有利于解决农民生活上的困难，是部分农民的主要副业和家庭收入的重要来源。因此，侗族民间有“家有千株桐，子孙不受穷”的民谣。清水江流域锦屏县的油桐种植集中在小江、平略、彰化、文斗、大同等沿江侗族聚居地区，产量最高的1944年，出产桐籽约50万公斤，每斗（35公斤）约4元钱。锦屏没有桐油榨坊，桐籽由商人和政府收购后运往天柱远口榨油，然后运往湖南洪江等地发卖。《黎平府志·食货志》载：“黎郡之油产自东北路者，由洪江发卖……每载出息不小矣。”锦屏下游的天柱县也是油桐的重要产地，20世纪50年代初期，全县油桐面积就达到3.9万亩，产籽200万公斤。㵲阳河畔及其支流龙江河的镇远、岑巩是新中国成立后黔东南的油桐主要产地。镇远县1945年就有油桐林9463亩，20世纪80年代油桐林达到3万多亩，桐区农户出售油桐收入占农副业总收入的30%—40%。当时，年轻姑娘找对象，也要挑选对方家庭是否栽有油桐树。岑巩县有11.08万亩油桐林地，年产油桐籽250万公斤。20世纪80年代，黔东南全州油桐林面积达到29万多亩，占森林总面积的2.3%，从1951年至1983年国家收购了桐籽4.29亿斤。在广西龙胜平等乡一带，清代道光年间就已有了榨油作坊。至民国20至25年间，由于油桐价上涨（100斤油一般约值60银圆），油桐业得到大发展，全乡约有1/4的农户依靠油桐收入，有些人因种油桐而发家致富，购买田地，有的人则用水田去换取油桐林地，可见油桐贸易对当时油桐种植和地方经济的刺激。

□**粮食交易**

侗族地区盛产大米，汉族商人运来食盐、布匹和其他小商品，与侗族换取大米，日久天长，交易的规模越来越大，在一些地区就形成了许多以米市为主的农村集贸市场。例如湖南通道侗族自治县历史上侗族与汉族的民间贸易就主要是大米的输出，该地区著名的米市有播阳米市、坪坦米市、马龙辰口米市、石壁米市、地连米市、牙屯堡米市、地阳坪木兰屯米市。其中播阳由于地处湖南、广西、贵州三省毗邻地区，在清代道光年间就有汉族商人开设店铺，靖州的土杂百货从水路运输到此集散，播阳的大米、桐油等土特产由此运往洪江、常德等地。民国时期，广西、贵州用银毫，湖南使用银圆、铜圆，由于交换的发展，播阳一时成为三省货币交换的中心。场期为百日场，交易的主要商品为大米、食盐、桐油、百货等，日上市的大米达到4000—5000斤、油1000—2000斤。又如平等寨，是一个以农业生产为主的侗族地区，位于龙胜北部的一个小坝子,交通便利,土质肥沃,灌溉无忧,盛产稻米,有“米仓”之称。每当青黄不接之际,许多汉人和周围的侗族及其他民族,随身带上手工业、林业、农业、副业产品来到这里交换大米及油盐等,于是渐渐地发展成为一个初级市场,既方便了群众生活所需,又促进了当地经济的发展。

□**陆上交通**

侗族村寨内一般都用岩石板铺路，村与村之间的道路多用碎石铺成，拼有花色图案。这些路一般由全村寨捐钱和出义务工修筑。在许多岔路口大都有“指路碑”，山坳处建有路亭或井亭，给行人提供方便。但由于侗族分布的地区山脉纵横，峰峦连绵，险关重重，众多河流蜿蜒，深壑于群山之中，沟深谷狭，水急滩险，区域之间的交通，尤其是陆上交通十分不便。以侗族聚居的黔东南地区为例：1949 年时，境内只有 9 个县、15 个区（镇）通公路，公路总长度只有 548 公里，交通运输主要依赖人挑马驮和木船水运。新中国成立后，到 1956 年，建成了炉（凯里）—

通往村寨的石板路

雷（山）、锦（屏）—黎（平）—榕（江）、镇（远）—台（江）—剑（河）3条干线公路，通车里程达到1008公里。1958年，修通了雷山—榕江公路，黔东南苗族侗族自治州才形成了一个相互连通的公路圈。1964年，黎平—从江公路建成通车，才实现了州内县县通公路。1981年，剑河县展南溪至南嘉公路建成，实现了乡乡通公路。到1990年全州公路里程达到了4859公里，许多村寨都通了公路，交通状况得到较大改善。现在许多侗族地区已有柏油路、火车、高速路甚至机场相通，人们的往来更加便捷。许多人家还拥有了自己的机动车，成了运输专业户。那种进城赶集两头见星星的状况已渐渐成为历史。

此外，近年来，随着国家电信业的快速发展，侗族地区的通讯也发生了翻天覆地的变化。在广大地区，农村电话网已初步形成，人们不仅使用上座机，年轻人有的还有了手机，信息交流十分便利。

□水上交通

由于陆路交通的困难，历史上侗族地区内部交通和对外交通都是以水上交通为主。在侗族分布区的东部有流经黎平、通道、靖州的渠水；北有贯通镇远、玉屏、新晃、芷江的㵲阳河；中有连通剑河、天柱、锦屏、洪江等城镇的清水江；南有浔江、都柳江沟通龙胜、三江、从江、榕江。这些河流均可以通行木船，沿江而下，可到达湖南常德、武汉、上海和柳州、梧州、广州等大中城市。其中，都柳江的榕江至广西的融安段，以及老堡至古宜段还可以通行小汽轮。

长期以来，侗族地区的水上交通工具以木船、木筏和竹筏为多。按船的功能，一般可分为货船、渔船和渡船。旧时，居住在江边的人家，几乎家家户户都有船，大多用杉木制造，用铁钉或竹钉将木板组合后，再用竹皮、葛麻、藤根茎、石灰等掺上桐油春烂，嵌抹在钉眼和板缝上，之后刷上桐油。保养较好的木船，一只可用20—30年。20世纪70年代以后，由于大量兴修水利和电站，河流中闸坝不断增多，㵲阳河干支流和清水江、都柳江上游逐步断航。公路成为主要的运输渠道。

□桥梁

侗族地区江河溪流纵横，为方便往来，有的河中设有跳岩，有的修石板桥、木桥、竹桥、石拱桥、风雨桥等，在较大的村子里还修福桥。贵州黔东南侗族地区著名的古桥梁有镇远县城东的祝圣桥（俗称老大桥）、施秉跨虹桥、剑河乃寿桥、黎平成德桥、地坪花桥、黄平重安江铁索桥、黄平平龙桥、榕江浮桥、锦屏状元桥、台江太平桥、天柱宝带桥、岑巩注溪乡的凉亭桥等。整个黔东南地区现存清代修建的古桥218座。湖南靖州县有清代修建的古桥101座，其中风雨桥24座；通道侗族自治县

广西三江八江风雨桥

贵州黎平地扪风雨桥

仅风雨桥就有 100 余座；广西三江侗族自治县有风雨桥 108 座。

□**渡口**

在不便修桥的宽河，设有摆渡渡口。如在黔东南地区就有清代古渡口 70 多处，广西三江有 43 处，湖南通道有 32 处。民间渡口是由百姓自行备船设置，一般是以捕鱼为业的人家，兼营渡运，也有以此为生者。另一些称为“义渡”的渡口，管理费用、渡工的报酬则是由渡船田或渡船山林来解决。有少数大的渡口是由官方经营的，称为“官渡”，官渡主要设置在驿道的必经之地，主要负责官府有关军事、邮传及其他公务渡运任务，同时也渡民众。各种类型的渡口在新中国成立后的很长一段时间内一直在发挥作用。20 世纪 80 年代以后，随着侗族地区公路桥梁的发展，原官道上较大的渡口大多废弃，有的则修建桥梁以渡，如榕江车江渡口。但民间的一些小渡口仍然在发挥作用。

服　饰

历史上侗族普遍使用自栽自种的棉花，自纺自织自染的侗布作衣料，细布绸缎、羽毛等作为装饰。侗族喜欢穿青、蓝、白、浅蓝色的衣服，妇女装束五彩斑斓，美不胜收。但20世纪50年代以后，侗族北部方言地区的民族特色服装绝大多数已消失，传统的民族服装大多保留在南部方言地区。

□湖南通道侗族服饰[①]

湖南通道是侗族的重要聚居地区，县境内侗族男子的服饰多已汉化，妇女服饰中保留民族传统，地区间有一定的差异，主要的区别在头饰上。双江、黄柏、马龙一带妇女头巾上绣有菱形或三角锯齿形图案，扎头巾时卷成羊角状。穿右衽上衣，用银链系银圆扣，如葡萄状；下身着长裤。衣服布料为藏青紫红色侗布；黄土、坪坦妇女头巾两头各织两寸多的锦绣，衣右衽，围胸裙，穿裤子；陇城、梓坛、坪阳、甘溪的妇女戴青布头巾，锥髻绾于头后并插银梳，穿裤或百褶裙；芙蓉、金殿一带，少女不蓄满头发，边发都剃光，用红绒线扎绒须结，辫尾垂绣球须，禁忌用绿色绳扎发辫。一生未嫁也和少女一样不蓄满头发。发髻绾于头顶，发鬓围着围发布。少女衣服为右衽无领大襟衣，穿细管裤，婚后热天穿5个布扣的无领对襟衣，冬天穿无领大襟衣。夏天衣服多为白色；下乡、临口、里勇、箐芜洲、地连、马头、地会以及马龙的桐木寨等地服饰相同，特点是：衣袖带红色，衣摆似扇

① 湖南省通道侗族自治县县志编纂委员会编：《通道县志》，民族出版社，1999年版。

形，衣服花纹像松鼠，裙子花纹似松菌，身穿花间衣，头包白帕子，衣服像钢甲，裙子似罗鸡，不论寒暑，青衣白帕。

□贵州天柱侗族服饰

在天柱县的三合、注溪、蓝田、邦洞等地，妇女多穿矮领右衽大襟衣，长至膝，托肩绲边，袖齐腕，钉布扣 5 枚，襟边及袖口饰以红、白、黄、紫等色花边，对比强烈，鲜艳醒目。下着长筒便裤，裤脚 7—8 寸，齐踝，束腰带。年轻女子佩短袖花围腰，白色带子飘后；中年、老年妇女系青色和蓝色围腰，过膝，穿布鞋和草鞋。妇女的首饰有玉簪、铜簪、银簪、银手圈、玉手圈、银耳环、金耳环等。石洞、水洞、高酿、凸洞一带未婚姑娘梳单辫，用红头绳编扎盘于头上，前额刘海齐眉，已婚生育妇女绾髻别簪于脑后，改刘海为鬓垂于耳际，包藏青色或蓝布头帕对角头巾，腰系带。成年男子过去多着对襟短衣，襟下有两个荷包，布扣 7 枚，也有穿右衽大襟衣的。老年人外出做客时多穿右衽长衫，夏天多穿白色衬衣，下身穿直筒便裤，无裤包，裤腰宽大，裤脚 8 寸，长齐踝，腰束布带。劳动和外出穿草鞋，缠裹脚，平时穿布鞋布袜，布鞋为布底布帮，做工讲究，保温避湿，轻便耐穿，常作馈赠礼物，也是婚俗中女方回赠的必备礼品。儿童不分男女，多穿右衽花衣、花裤，戴银铃绣花帽，下身围花裙片，穿鞋袜。帽配银饰，前檐多配佛像（十八罗汉、弥勒）或“吉祥”字样，帽后吊银牌，颈戴银项圈，手戴银手镯，脚穿花鞋。五六岁后，男女异装，男剃头，女蓄发梳辫。1949 年新中国成立以后，天柱侗族服饰有较大变化，衣着花色增多，不再局限于传统的青、蓝、白三色，尤其是春、夏、秋三季，衣服色彩缤纷。家织土布逐渐消失，取而代之的是市场供应的各种布料，大多数地区男女青年衣着款式与汉族相似。只有一些较偏僻的侗寨老年和中年人仍着传统服装。

□贵州榕江县侗族服饰[①]

榕江侗族妇女服饰分为三宝式、七十二寨式、四十八寨式、天甫式等。

三宝式流行于三宝地区，青年女子冬季穿青色棉衣、红青色夹衣或白色内衣。夹衣为左衽，无领布扣，长至膝，领口及衣襟均镶一道窄绲边，一道或两道窄栏杆，一道宽栏杆，袖口有绲边和窄栏杆各一道，腹部系藏青色或蓝色围腰 。夏天多穿白色右衽无领衣，领口多镶一道黑色窄绲边，袖口多用藏青色或黑色线绣有别致的花草图案，下着长裤。20 世纪 80 年代以后，除上装仍保留侗装外，下装则多着现代城市流行装。

七十二寨服装流行于乐里七十二寨一带。成年女性的衣着，夏秋为蓝、白布单衣，冬、春为青紫色棉衣和罩衣，无领右衽，衣服宽大，衣长过臀。袖口宽大，绣有花草鱼虫图案，做工精细。下穿青色百褶裙，裙长 50 厘米左右。扎绑腿，末端有飘带。脚穿绣花船形勾鞋，平时穿半截草鞋。现在，当地除少数女子穿着传统上装外，下装与现代汉族同。

四十八寨服装流行于四十八寨地区。秋、夏上身为对襟无领无扣宽摆上衣，衣长过臀，襟边及袖口缀花边，衣襟敞开，贴胸另系一菱形胸襟，上端靠颈处绣花，两上角各接一布带系于颈后，带上系有银坠，下着百褶短裙。现代年轻女子服装与汉族流行装相同。

天甫服装流行于宰麻一带，男女服装款式与三宝服饰相似，但布料较粗。妇女上装的绲边、栏杆较宽。冬、春喜用白布绣花帕包头，精美别致。现已多穿流行时装。

---

① 榕江县志编纂委员会编：《榕江县志·民族》，贵州人民出版社，1999 年版。

榕江的侗族儿童不分男女，多穿右衽花衣、花裤，头戴银铃绣花帽，下穿裙子，脚穿鞋袜。帽配银饰，帽后吊银牌，颈戴银项圈，手戴银手圈，脚穿花鞋。到少年的时候，男女开始异装，男理发，女梳辫。现与汉族服装完全相同。

□广西三江侗族自治县侗族服饰

妇女服饰。20 世纪 50 年代，三江侗族女子的服装有两种。良口、和里地区的侗家人，多着矮圆领无扣青衣，包对角头巾，穿便裤；腹前用两寸宽的布带作束腰带。春、冬穿右衽衣，夏、秋穿对襟衣衬腰兜，下着百褶裙，系绑腿，足穿绣花船形踏跟勾鞋，发式为绾扁髻或盘髻，头上加木梳于后，插数支银花长簪。苗江、溶江一带的侗家女子，春、冬穿右衽衣，衣长及膝，包三角蜂窝白头巾；夏、秋穿花边对襟衣，胸前衬花肚兜。如出嫁或赶坡会，逢节日喜庆，都是盛装，上装穿 3—4 件花衣，衣襟及袖口镶宽绲边，上绣金鸡花卉及侗锦，内件要比外件稍长，使衣边露出供人欣赏。妇女喜欢佩戴银饰，有项链、项圈、手镯、银耳环，出嫁之时或节日庆典，全套银饰佩戴上，重达 10—20 斤，银光闪闪。

侗族姑娘佩戴银饰以多为美，以重为贵，少则几两，多则几斤。侗乡流传着这样一首山歌：“孔雀展翅美中美，妹戴银装花上花；银装越多花越美，朵朵银花映彩霞。”没有银饰的姑娘会认为自己不美，父母也认为低人一等，因而省吃俭用，也要买几样银饰来打扮自己家的姑娘，以增添光彩。银饰还是侗家男女青年相互馈赠的重要礼品。当侗族男女青年第一次见面时，男方有意向女方求爱（侗族叫讨带子），如果女方看中男方，她就将身上佩戴的银饰，送一样给男方，以表心意。以后双方就可以约期相会，经常往来，有这样一首山歌：“情妹有心送装，妹把心事交给郎，银装戴在郎身上，郎和情妹共心肝。”当感情达到高峰时，男方根据女方的需要和要求，将珍贵的银饰送给女方作为订婚之礼。生第一个小孩时，外婆送项圈、银锁、手圈等，上嵌“长命富贵，易养成人”等字样。满周岁时，送银帽一顶，表示对外孙的宠爱。三江侗族男子服饰相对较为简单，大多穿着对襟短衣，包大头帕，穿大管便裤。

□贵州锦屏侗族服饰①

锦屏侗族的服饰可分为大同、九寨、启蒙三种类型。

大同类型。包括大同、绣洞、平金、稳江等乡。未婚女子用红绳扎单辫盘头，红绳头左垂至肩，出嫁之后有女子改辫为髻，冬天戴蓝巾或毛巾。衣尚蓝色，次为白色。左衽，长盖过臀部，腰束绿（蓝）色腰带。婚后随年龄增长带色渐深；裤子多为蓝青和黑色，裤管上下尺寸相同。

九寨类型。包括彦洞、黄门、平秋、高坝、魁胆、小江和三江镇的平炭、天堂、龙拉、龙埂、圭腮等村及茅坪的阳豆、新建等村。头饰：未婚者扎单辫，或垂于后，或以红绳扎盘于头侧。前额刘海齐眉，两边鬓发齐耳，耳戴银环，冷天头戴毛巾或自产青帕，巾帕均扎成角状。淡眉，浓眉者以灰线修扯。已婚者改辫为髻，绾于脑后，以银簪或木梳相别，戴帕时，髻得露出，有的在髻上插银梳或木梳。衣裤尚黑、青、蓝色。衣为左衽矮领襟衣，长至大腿中部，团肩及袖口用另色布镶接，襟边以白红等色布镶成花边。扣套5—7颗，以银泡串相连。银泡串未婚者5颗，已婚者2颗。腰束自制的花带或黑带。手戴银钏。裤脚长至踝，宽约8寸。冬天腿缠裹布。脚穿圆头布鞋或绣花勾鼻布鞋。盛装时头戴银制花草状簪花，耳戴银环2—3对，颈戴银项圈数根，襟边戴银排扣，项圈下胸前为银制蝴蝶

---

① 锦屏县志编纂委员会编：《锦屏县志·民族》，贵州人民出版社，1985年版。

饰件，以银链挂于颈。

启蒙类型。包括启蒙、巨寨、胜利等乡镇及地茶乡的高表村。其装束和黎平县孟彦等地侗族相似。未婚者以红绳扎辫盘于头顶，已婚者改辫为髻，别银簪或木簪，头搭方帕；耳戴银环，衣服左衽，外衣宽松长过臀部，团肩，襟边以他色线或布条镶成花边，袖长及肘，距袖口3寸许以他色布条镶连，肘至腕部套以特制布筒。外出做客时在外衣上加一短褂，褂长及腰，前胸绣有花草图案；裤子为接腰宽裤筒，缠腿布，鞋为翘鼻花鞋。现在这一服饰类型区中，青年人多改为汉族服装。

□湖南芷江侗族服饰

过去芷江侗族多着自纺自织的家织土布衣服，习惯青、蓝二色。男子穿对襟衣、大管便裤。胸前佩银质牙签。腰系青蓝布板带。头包青蓝色头帕，帕长1丈2尺至1丈8尺。出门戴斗笠。腿打斜纹或青布绑带。脚穿布鞋或草鞋。女子穿无领挽襟衣，着大管裤，襟边、袖口绣有花边。中老年梳扁髻或盘髻，上饰银梳、木梳或围梳，插簪花或八方针，包丝帕或侗帕，耳垂银质大耳环。姑娘向后梳“一溜风”短辫，额前留“莲蓬盖”，吊银质大耳环，颈挂银质项圈。胸前佩银针筒，手戴银钏或戒指。脚穿攀尖鞋，前沿上翘，两边绣花。儿童头戴银花帽，前嵌十八罗汉像，下贴十八朵银质梅花，意为十八罗汉护身。帽后悬十八银链，挂四方印、仙桃、葫芦、鹰爪等响铃。帽两边各钉一枚“狮子望月”。民国以后，除少数地区老年人仍着传统服饰外，青年人服饰已与当地汉族基本无异。

□贵州从江侗族服饰

男子多着家织布对襟衣，下穿长裤。有些地方上山劳动时喜打绑腿，即用一块1尺长6寸宽左右的青布，从膝盖以下绕缠至足腕，再用缝制在青布上的上下两端带子拴捆即可。头裹一条 8 尺—1 丈长左右的青布或紫亮布，俗称“包头帕”，帕的两端用红绿丝线绣有一排锯齿形的图案。包头帕可裹成“团圆形”和“角形”两种。“团圆形”即将包头帕折成三指宽，轻轻依头部层层缠绕，每绕一圈高出两分，形成一个盘状。靠头部的内端折向下边，使其露出刺绣部分，外端一半则扎入盘外两层之间的空隙处，余一半散开呈鱼尾状。这种头饰多为中年人或较稳重的青年人所包裹。“角形”头饰不讲究帕布的工整，而是将头帕捏成皱条形缠于头上，靠头内边的一端向上高高斜立，形似一只扇形的独角。缠绕时，头帕交叉包裹，尾端随便插于其中某一部位即可。男子盛装时，头戴青布无遮檐帽，外围一银箍，银箍上镶嵌银篓，银篓下吊一簇鱼形银缀。银箍左右两侧分别插两枝银花，每枝花分两杈，如同立起的绶带鸟尾巴。而尾端上部还有红花两朵和绿叶，以作陪衬。另在头部前面和左右两侧还插满仙鹤尾。上身则多穿白色或绿色的开领内衣，外罩马褂儿状外衣。衣扣为银质，横扣于胸前两乳部位。罩衣边沿多镶银缀，胸部、腹部、下襟及背部嵌有圆形块状纹银饰品装饰。腰部拴红缎带子，带子两端悬丝线缨子，下穿长裤。

女子夏装多着开襟无领敞胸衣，胸部围有青色胸兜，胸兜上部分别连在左右两个三角形刺绣的“兜领”上。兜领齐脖根，呈一剪刀形叉口。每一叉的上端连接一条带子拴过背后颈部结在一起，下边悬挂一个“银盘”或“银砣”。下装则着百褶裙。冬天罩以右衽薄棉衣一至二件，前面围短围腰，腰带紧束棉衣的中部，两端拴于身后，并留尺许飘于身后。无论冬夏，女子均裹绑腿或腿套。小腿上部拴绑腿带，带子两端飘于左右外侧。发式多为结髻，分正发髻和偏发髻两种。正发髻即将发髻的最高部位结于前额之上，绾入头发尾部以红木梳插于髻的最高部位紧紧相依之处。从木梳插处起至头发的尾端长约5寸左右，垂于脑后。偏髻即将发髻结绞后绾于左侧耳上，木梳或银簪多是偏插于左，头发尾端则飘于右侧。传说，此种发髻是当年吴勉赶山时打偏的。每逢节庆，姑娘们都要头戴银花、耳环、大小项圈，身着紫红色或青色的“亮布”衣服，腰拴红缎银缕缨子腰带，百褶裙外层悬缀着珠白羽挑花挂扁裙罩。大家一起来到鼓坪、芦笙坪上聚会歌舞，为节日增添了更加喜庆的气氛。①

□贵州黎平侗族服饰

男子过去多穿大襟短衣，现多与当地汉族相同。妇女服饰则因地区不同而有差异，主要表现在下装部分，即穿裙与穿裤之别。大致可分为肇兴、三龙、地坪、器寨、岩洞、铜关、银朝、水口、龙额、尚重（以上均穿裙）和坝寨、地青（穿裤）等12个服饰区。一般来说，穿裙区上衣大体相同，或对襟或大襟，衣边、衣袖、襟边多镶色彩鲜艳的布边。其中以肇兴式样较普遍，一般冬、春为红青色布棉衣、亮布夹衣和白内衣、贴身胸兜。棉衣大襟短袖，袖大而宽，镶蓝、白、红三色花边袖围，银质扣；夹衣为斜襟衣，袖长至手腕，袖口镶五色袖围，衣脚用天蓝色布绲边，此衣比棉衣长，穿时露出绲边；下穿亮布百褶裙，长至膝，小腿系绑布，浅蓝色布条捆束，并留有飘带。发或绾髻或包帕，插银簪。盛装时，佩戴各种银饰品，如银泡珠、银带、银花、手镯、项圈、银牌等，重达数斤至10余斤。地青、坝寨两地妇女则着大襟长至膝上衣，下穿裤。盛装时，也喜戴各种银饰品。

① 王胜先著：《侗族文化与习俗》，贵州民族出版社，1989年版。

□贵州剑河侗族服饰①

剑河侗族男子服饰现与当地汉族几乎无差别，唯妇女仍保留传统服饰，大致可分为 4 种类型：

格里式。上衣可分盛装和便装。盛装为无领大襟衣，襟上绣有蚕虫、二龙抢宝、蝴蝶等图案。袖口则绣竹叶花、龙蛇花纹、蚕虫等三道如波浪状花边，襟边镶一条绿丝线带，配有色齿轮。围前后两条围腰。前围腰用蓝色家织布缝制而成，除中部留一菱形无刺绣外，其余四围均绣有彩色齿轮及龙形图案，腰脚附有红、绿色缨子和 3 个绣球。腰带于背部打结，带须垂于臀后。后围腰用藏青色布制成，四角绣有少量花纹。穿戴时，外衣将后围腰盖去三分之二，后围腰又将裙子盖去三分之二，使之呈梯状。下身穿藏青色亮布裙，着藏青色筒状腿套，套后绣两条带花带捆系腿筒。头发结发髻绾于头顶中央。髻根部缠蓝色头帕。髻中插狮子别簪。髻上插针脚的凤形银质板，板上焊有向上伸展的三束花，板边为蝶花，蝶旁配有鲤鱼和叶片。戴银质耳环、四环链、八字链、手圈等。

展模式。上衣多为无领右衽大襟衣，短袖齐肘，袖口围深蓝色的绸或缎一圈，每次穿四件，外短内长，依次出现红、青、绿、白等层次。棉衣无刺绣。下着家织布百褶裙。围系带上绣花围腰。打绑腿筒，有花带扎系。发绾云髻，戴银花花架，花架上置 5—8 排用 1—2 根银丝弹簧焊上的花朵，每排少的 3 朵，多的 5 朵。

小广式。着有领右衽大襟衣，领下配托肩，托肩边缘至右纽扣至底襟绣有各种花纹图案。过去穿花百褶长裙，现已改裤装。

① 贵州省剑河县地方志编纂委员会编：《剑河县志》，贵州人民出版社，1994 年版。

贵州从江高增女子服饰（背面）

姑娘留长辫，喜修眉毛。出嫁生育儿女后，改绾发髻于脑后正中。平时包藏青色布头帕，发髻中插一根别簪，缀一个五色须的绒绣球。走亲串友、玩山凉月时戴银花。喜戴银手镯、项圈、耳环等。

盘乐式。着无领右衽大襟衣，前襟沿扣子边缘用白布作底，绣三色花边图案。绾辫盘旋于头，于发际处裹藏青色帕子，两端留须，戴银饰于拱形花架上，花间配鸟、蝶等银饰品。喜戴银质手镯、项圈等。

饮　食

侗族以大米为主食，偶吃小米、小麦、水芋、玉米、红薯等。大米中尤喜糯米。糯米饭曾是侗族人家日常生活中不可缺少的食品，食法是“以手抟饭”，不用碗，外出劳动便于携带且耐饿。逢年过节、婚丧嫁娶、请客送礼更离不开糯米饭和糯米糍粑。来源多为自家养的畜禽和种植的蔬菜。畜禽以鸡、鸭、鹅、猪等为主。蔬菜与汉族地区无多大差异，山区侗族以韭菜、青菜、白瓜居多。另山野中的竹笋、蘑菇、蕨菜、鱼腥草，河溪田塘里的鱼、虾、螺、蟹、泥鳅等也常为侗族人食用。饮食结构一般为一日三餐，晚餐是一天中的正餐。

侗族大多数男子喜爱饮酒、吸烟。酒多为自酿的米酒，度数不高，20—40度左右。亲朋好友到来，劝酒、敬酒便也成为一套礼俗。

□侗不离酸

侗族喜吃酸辣，民间有“三天不吃酸走路打窜”的俗语，又有“住不离田，走不离山，穿不离带，食不离酸”之说，可见酸食在侗族生活中的重要性。相传，侗族从前吃不到盐，有人想出以酸汤酸菜代盐的办法，侗族人才得以生存。现在，侗家人虽不再为吃盐发愁，但嗜酸已成为习惯，因此待客的菜肴中酸菜常占一半以上。从科学的角度看，侗族居住的地区气候较热、湿度较高，日常劳动出汗多，胃酸缺乏，所以吃酸能增加胃酸以增进食欲。侗族家家户户都有酸坛，常年腌制酸猪肉、酸鱼、酸鸭、酸菜等。自家养的鸭、鹅、鱼除数量多时卖一部分以外，其余的宰杀洗净后就放进酸坛腌起来。菜园中种的青菜、黄瓜、豆角、萝卜、辣椒、姜，山野中的竹笋、蕨菜之类，吃不完的也腌成酸菜贮藏。故而形成了日常饮食中不离酸、送礼待客不离酸、敬神祭祖也不离酸之俗。在一些侗族地区，还有以淘米水入罐置于火边发酵制酸水的方式，既可煮菜，也可饮用，还可洗发、护发，效果甚佳。侗族地区因降雨量多、湿度大，易得风湿，“酸辣”能祛风除湿，增进食欲，故酸辣就成了其饮食中必不可少之物。

侗族人保留着古百越人喜食鱼、虾、蚌的习惯。鱼可以做成许多美味，如“腌鱼”、“酸汤鱼”、“烧鱼”、“鱼生”、“清蒸鱼”、“糟辣鱼”等等，都是侗族喜欢吃的佳肴，也是接待宾客之上品，三江侗族民间有“十年酸鱼加老酒，做人一世也抵得”之说。“酸汤鱼”，尤其是贵州榕江县车江的“酸汤鱼”，烹制最为独特，1993年在广交会宴席上，一位车江乡车寨的厨师烹制的“车江酸汤鱼”，中外嘉宾吃后赞不绝口，这道菜也被评为“特级菜”。

□腌鱼

侗族称为“坝生”。腌鱼制作工艺独特，味美醇香。方法是先将鱼用清水洗净养半天，让鱼将泥水吐净后剖开，取出鱼内脏弃之，洗净，用盐及料酒腌1—2日，再盛入木桶内，然后将糯米饭、辣椒粉、花椒粉、蒜末、江米、盐相混合，拌匀为作料，放一层鱼（肉），撒一层作料，直至把鱼腌完。之后倒进少许甜酒，上加盖板封存，并用大石头压于板上，半年后即可取食，其味酸甜，香辣可口。侗族腌鱼有着悠久的历史，宋人周去非的《岭外代答》记载：“南人以老鱼为鲊有十年不坏者。”有的地方用大楠竹筒腌制腌鱼，竹筒口用竹叶或棕叶盖好，用黄泥封得严严实实。用竹筒腌制的鱼比木桶腌制的香味更醇香。在湖南通道侗族地区，民间认为制作腌鱼以入冬后捕捉的草鱼为最佳。草鱼入冬后，处于半眠状态，不吃草料，肚肠粪便已排干净，肌厚肉紧。春季，鱼类进入苏醒期，大量食草，肚肠塞满粪便，且肌肉松弛，天气温暖，渍盐时容易变质。

□烧鱼

侗族喜食烧鱼。摘禾季节各户都选择最后一天，邀请亲朋好友到田边吃烧鱼。烧烤的方法：一是先把鱼洗净取出苦胆，放盐入肚，用阔叶包好，放进火中烧熟或用竹签串起烘烤，以内脏烤透、色黄不焦为佳；二是将鱼放在干茅草堆中烧炙，等草烧尽鱼也熟透，然后以辣椒、韭菜、蒿菜、亮广菜及生姜、大蒜、花椒等作料与鱼搅拌即成，其味鲜美，给丰收增添了无限的乐趣。

□牛羊瘪

侗族喜欢吃牛羊瘪，其制作方法是先将宰杀的牛羊胃肠中尚未消化的食物，用纱布包裹后挤其汁，过滤去渣后生吃或熟吃均可。若熟吃即用油熬熟或煮熟盛于碗中，待肉炒至半熟时将汁倒入锅中与肉一起炒，再放香料即成。瘪肉苦凉可口，增进食欲。宰杀牛羊不吃瘪肉，侗家人都视为憾事。

□油茶

油茶是一些地区侗家人喜爱之食，不仅是家常便饭，而且也是迎接客人必不可少的食品。亲朋好友来访，主妇立即架锅打油茶款待。油茶待客有的地方要上三碗，如新晃就有“茶三酒四烟八杆”的民谣。女主人向客人递茶时，要按客人坐在火塘边的方位将碗摆在茶盘内，依次敬递，以免添茶时将各自的碗弄错。每逢节日，族内叔伯兄弟轮流互请、男青年行歌走寨、姑娘接待小伙子，多以油茶款待。“月也”交谊，各户分担接待来客，也少不了油茶。此外，还有妇女生完孩子后的三朝茶、周岁茶，姑娘出嫁的离伴茶、离巷茶，即将生育的媳妇，娘家送纺织用具时的送货茶、结束坐家日子的收心茶、祭祀祖先的敬祖茶等。油茶的制作方法是：先将糯米干饭用茶油炸成泡米花，舀出剩油，放茶叶炒热，冲入适量水煮开，待茶味浓后加盐，捞出茶叶，舀出茶水放入碗中，加入泡米花、花生、黄豆、葱花、饭豆、粉肠、糯米汤圆等作料，即做成一碗碗美味的油茶。

打油茶的茶水通常要一锅锅煮方可出味道，一些侗族民间还有“头锅苦，二锅凉，三锅四锅味清香，七锅八锅甜如糖”之说。芷江侗乡还盛行吃“太婆茶”，即用一种经发酵晒干后的嫩叶作茶叶，在茶油中煎炒后加水和其他作料而制成。

□糯食侗粑

侗族人喜食糯米，用糯米做成的各种食品是侗家人年节婚嫁葬仪走寨等场合不可缺少的。糯食品种繁多，制作精细，如粑粑、糖糕、米花、扁米、“侗果”、粽子、炒米、饮料等。逢年过节，侗家人都要打粑粑，馈赠亲友的礼品中也一定要有侗粑。侗粑的制作非常讲究，一定要用“侗禾糯”打制，工艺细致做出的侗粑可以扯数尺长而不断，清香爽口，品种很多。除白色粑粑外，还能做出多种颜色，如红色粑粑是加苏木汁打制的，黑色粑粑是用杨桐叶取汁打制的，黄色粑粑是用黄粟糯打制的，绿色粑粑是加蒿菜打制的，三月清明采来“清明菜”，和糯米、甜藤一起制成“清明粑”，九月重阳有“重阳粑”，还有粑内包糖、碎肉、芝麻的“芙蓉粑”，以及豆沙粑粑、枣泥粑粑等。

用糯米做成的各种粽子也同样为侗族人所喜爱。如用草灰泡糯米做的“灰汤粽”，用豆做的“豆粽”，用腊肉或鲜肉做的“肉粽”等等。粽子多呈三角形或长方形，有的大粽下带上几个小粽，为“母子粽”，体现了浓浓的母爱之情。

用糯米做的各种各样的粥在侗族地区亦较常见，如糖粥、鲜肉粥、鱼粥、鸡肉粥、骨头粥等等，清香可口，营养丰富。

20世纪80年代后，由于双季稻、杂交稻的大面积推广，许多侗族地区以糯米为主食的习惯逐渐被打破，而代之以黏米。糯米种植不断减少，人们也往往只在逢年过节时才蒸上糯米饭。

居住与建筑

□干栏式房屋

侗族传统的住房是“干栏”式木结构楼房，今黎平、榕江、从江、锦屏、剑河等地的山区仍盛行这种房屋，平坝地区的侗族部分建盖起了砖木结构或水泥砖混结构的房子。

传统的干栏式楼房有两层式，也有三层式，通风防潮性能良好，房屋设计与南方山区的气候、地形、地貌协调。侗族喜居干栏楼房有较悠久的历史，南北朝时的《魏书·獠人》记载：“依树积木以居其上，名曰干栏，干栏大小，随其家口人数。”干栏房的第一层通常是四面通风的柱子，一侧用围栏隔成畜圈，用于饲养家禽、家畜，另一侧用于堆放杂物、设置“米碓”。二层是侗家人生活起居的主要场所，一般由房屋的一侧架设楼梯，上楼后是走廊，走廊向外延伸形成吊脚楼。走廊的设计，一般是第二层的前半部分几乎都为走廊，若是独户人家，则整个第二层的四周全部为走廊，是日常家务和手工劳动及纳凉的地方。第二层的中央是堂屋，堂屋后壁正上方（正对门的墙）是供奉祖宗神灵的神龛。火塘置于堂屋或左右两侧房屋中用做厨房的一间，火塘上架设铁三角架，终年烟火不断。火塘上方挂置有一个与火塘大小相近的吊篮或正方形的木栏架，俗称“昂”，为烘烤东西所用。吊篮上方是出烟道。火塘是家庭聚居的中心，也是姑娘们与男青年坐夜的地方。侗族风俗，男女唱歌坐夜，一定要在火塘旁，到姑娘卧室中去是不允许的。二层的其他房屋是卧室，三层是卧室或粮仓。建房材料都选择防腐性能强、木纹美观的杉树。整栋房屋从上到下全部为木质结构。顶部盖杉树皮或青瓦，墙壁是杉木板，并用桐油油漆。整个房屋全部用榫头穿接，不用一钉一铆，显示了侗族精湛的建筑工艺。通道侗族民间歌谣中有“起楼难起吊脚楼”的词句。干栏建筑既适合侗族的生存环境、经济发展水平、民族生活习惯，又具有通风、散热、干燥和防避虫兽及水害等特点。

坝区和北部方言地区的房屋多为平房，建楼房的也多居住在楼下，楼上为粮仓和堆放杂物。大门开于前面正中间，进门一间为堂屋，堂屋内壁有神龛，左右房间为卧室或“火塘”房。厕所、禽畜圈置于房屋两侧。

侗寨中的民居，一般一家一楼，也有若干家连在一起，走廊相通，不下楼便可走遍几十户，故有“侗寨高高上云头，走遍全寨不下楼”之说。

侗族十分讲究住房的建造，不仅方位要选择，而且砍树备料、发墨开工、立柱上梁、大门安置，以及中柱的砍伐及长度等都极为重视。一般来说，传统侗族民居为纯木制造，以三根或五根七根为主柱和矮瓜，串“穿枋”成排，结成两间、三间或五间房架。梁柱高度往往带有“8”，如1丈6尺8寸，1丈8尺8寸，2丈1尺8寸等，以讨吉利。在榕江车江，梁柱以“香椿树”为贵，认为是木中之王；在天柱，以多株丛生的杉木为珍，现砍现用。砍树时，还要由儿女双全、家境富裕者先焚纸烧香祈祷，并放上“红包”作价，尔后才能砍树。立柱上梁有的多在半夜举行，届时还用红布将碎银等包扎在梁木上，掌墨师脚穿新鞋，手持缠红布的五尺棍，登上云梯，边登边唱《上梁歌》。新房落成，须择吉日开门，大唱《开财门歌》、《吉利歌》等。

□鼓楼

鼓楼是侗寨的标志性建筑，侗族建鼓楼有着悠久的历史。明代的邝露游历侗族地区后，在他的《赤雅》一书中记述鼓楼的建筑是："以大木一株埋地，作独脚楼，高百尺，烧五色瓦覆之。"鼓楼分多柱和独柱两类，多柱较普遍，均为木质结构。建筑时先立4根粗大的杉木为主柱（个别为独柱）直达顶层，然后又立12根衬柱。4根主柱代表四季风调雨顺，12根衬柱代表农历的12个月。鼓楼有"四檐四角"、"六檐六角"、"八檐八角"之分，其层数都是单层。最高的鼓楼据称是今贵州省从江县郊外的"从江鼓楼"，有17层。鼓楼一般分为三个部分，上部即伞形宝盖顶，有四角、六角、八角形状，工艺精巧，造型别致；中部是层层叠楼，从上而下，一层比一层大，每一层的楼檐突出部分都有翘角，精致独特；下部即底部，多系正方形。在楼内的横梁和边缘的檐板上，刻绘有各种各样的人物、飞禽走兽、花木鱼虫等象征吉祥如意的图案，明朗和谐，栩栩如生。在楼内每层之间，还设有附在木柱上的简便攀援梯。楼内顶层放置有牛皮做面的大木鼓，是本寨遇到紧急情况，如火灾、盗匪、敌人来犯等，向全寨人报警的器具，非遇特殊情况，是不能乱敲乱打的。鼓楼也因置放意义重大的大木鼓而得名。在侗族地区，较大点的侗寨都有一至数座鼓楼，据不完全统计，广西三江现有鼓楼159座。

在侗寨众多的鼓楼中，贵州从江增冲鼓楼造型最为引人入胜，历史最为悠久。该鼓楼建于清代初年，距今已有300多年历史，为宝塔形，双葫芦顶，高25米，占地面积60平方米。内有四大柱，每根直径为0.8米，高15米，每柱之间距离3.6米，构成高耸的锥形方架，为鼓楼的栋梁骨干部分。距内四大柱外围

贵州榕江大利鼓楼

的 3 米处，竖有 8 根高 3.5 米的支柱，将四大柱团团围住，并用穿枋与内四大柱相连，呈辐射形状。再叠上数层，每层则用 8 根矮瓜柱层层叠竖，依内四柱将穿枋逐层缩短，紧密衔接，竖到第 11 层。第 11 层上面，另立有两层八檐八角的散顶宝塔，即为鼓楼顶部。陶瓷宝珠尖顶雄伟挺拔，直插云霄，蔚为壮观。其工艺之精湛，为我国木质结构建筑中所罕见。该鼓楼与湖南通道的马田鼓楼已被列为全国重点文物保护单位。

关于鼓楼的来历，侗族民间有这样一个故事。传说古时候侗家有一个聪明的小伙子名叫曼林。一天，他上山去，看见一棵大树上站满了小鸟，“唧唧喳喳”地叫个不停，曼林知道，这是小鸟在商量它们内部的事情。他走到河边，看见小草中间有个水坑，一群鱼儿在那里静静地吐着泡泡，曼林明白，这是鱼儿聚在一起议论自己家族的事。曼林看见小鸟和鱼儿都会找个地方聚集，就想到人也应该有个议事的地方。他把自己的想法对寨上的老人说了，老人们一听，都说是好主意。曼林一心要修建一个最宏伟的木楼来作为全家族议事的场所，照什么样子修呢？曼林把本寨和邻近寨子的大小木楼都看了，都觉得不满意。他把自己的苦闷告诉了老人们，老人们说：“我们侗家最会培植杉树，你看那杉树又高又大，砍了又发，就照杉树王的样子来修建吧！”曼林十分高兴，就天天上山去观察“杉树王”，久而久之，杉树王那挺拔的雄姿，刚劲有力的枝桠，都深深地印在曼林的脑海里了。

曼林要建像杉树王一样的木楼的消息传出去，轰动了四乡八里。一天突然从远处来了一伙人，说要来承建这种木楼，他们口出狂言：“这种木楼只有我们才能修建，非得求我们不可！”侗家人讲理，曼林和气地说：“你们从外地来帮忙，好商量嘛，何必把话说得这样绝？”那些人却说：“绝？绝的还在后头呢！来打赌吧，要是我们建成了，你们寨上的良田任我们选，美女随我们挑。要是我们建不成，就给你们当帮工！”曼林一听，有点儿生气了，就说：“好吧，我告诉你们，这木楼要修建成六面八方，6丈高，不准用一钉一铆。咱们不但比谁建得好，还要看谁建得快。”那伙来历不明的人答应了。

曼林是一个有心计的人，他早就用芭蕉秆扎成了一个模型，请老人们在寨中选好了地基就带着几个兄弟干了起来。那几个人呢？在寨子的另一头也动了工。他们心怀鬼胎，派人偷偷地察看曼林的做法，要从中破坏。曼林立柱子、架梁，他们也立柱子、架梁。模仿曼林做。木楼建到两丈多高时他们以为曼林就是这样直直地往上修，为了自己抢先，就在一个晚上，偷偷地把曼林他们下好的梁柱都锯短了，心想，这下子曼林他们要重新去找材料了，就放心地去干自己的活，修建起了上下一样大的楼来，看也不去看曼林他们一眼，满以为自己胜利了。谁知，曼林早就看透了他们的诡计，故意把上层的梁根根都下得一样长，那伙人偷偷地锯短了这些木头，正合曼林的心，他边挑选边安排，木楼一层层地收缩上去，成了像杉树一样的宝塔式建筑，好看极了，而且六面八方，飞檐翘脊。那伙人建造的上下一样大，还没有完工，就被一阵风吹倒了，他们便急忙偷偷地逃跑了。打赌的人逃跑了，曼林他们也不计较，就约全寨的人来庆祝木楼的建成。老人们唱起了古老的赞歌，小伙子们和姑娘在楼下跳起了欢乐的舞。从此以后，寨子里有了纠纷，就请老人到木楼商议调解。晚上，男女青年来木楼谈情说爱。大家都称曼林是侗家的好男儿，一个叫良美的姑娘爱上了他。

那伙人不甘心，就到山上当土匪。一天，他们下山来到曼林的寨子里报复。乡亲们正在木楼里玩耍，没有提防土匪的到来。曼林和土匪讲理，土匪哪里听得进去，举刀朝曼林砍来，曼林赤手空拳地和土匪搏斗，不幸倒在血泊中。良美悲愤之极，决心要为曼林报仇。她知道土匪还要来抢，就暗暗地将自家的蓝靛缸搬到木楼里，并叫乡亲们准备好武器，准备杀敌复仇。果然，土匪又来了，良美在木楼里用手拍击蓝靛缸，发出“嘭嘭、嗵嗵”的响声，声音急促响亮，土匪吃了一惊，还没有弄清楚是怎么回事，就被愤怒的侗家人包围了，其他寨子的侗家人听到声音也手拿武器前来支援，土匪被消灭了。这次胜利以后，侗家人就制作了牛皮鼓，神圣地放在木楼里，把木楼改名为“鼓楼”了。为使自己的家族像杉树一样兴旺发达，为了能统一号令抵御侵略，为了本寨子有议事的地点，为了使青年男女有社交的场所，许多侗家寨子都修建起了鼓楼。[1] 从此，鼓楼成了侗族社会文化的一个象征，侗家人唱道：

鼓楼是村寨的暖和窝，
没有鼓楼无处寻欢乐。
高高的杉木竖起鼓楼架，
有了聚集的场所有了欢乐的歌……

侗寨鼓楼的社会文化功能归纳起来有以下几点：

（1）聚众议事的场所。侗寨遇有大事要事，由集体商议决定，议事地点就是鼓楼。鼓楼也是“款众”商议和制定“款约”的地方。“款约”议定通过之后，通常刻石，立于鼓楼之中。增冲鼓楼至今还保存有刻着“款约”的石碑，最早的一块是康熙十一年（1762）刻立的。

（2）调解村民纠纷的场所。村民之间发生纠纷，需要众人排解，便聚集在鼓楼里集体裁决。如果什么人有过错，需要当众处理，也在鼓楼里进行。

---

① 贵州省文管会办公室、贵州省文化出版厅文物处编：《贵州文物古迹传说选》，贵州人民出版社，1985年版。

广西三江平铺鼓楼

(3) 休闲娱乐的场所。劳动之余，侗寨村民时常在鼓楼乘凉、烤火、聊天，聆听长者讲述侗族悠久的历史、古老的传说，接受民族传统的教育。鼓楼前的平地则是青年男女“围圈踩堂”欢乐起舞的地方。逢年过节演出侗戏，鼓楼坪上更是喜气洋洋，热闹非凡。

(4) 接待客人的地方。春节期间，侗家人喜欢集体相互走访(侗语称为“耶”)，常常在鼓楼坪上摆上筵席，各家各户凑来好酒好菜，盛宴来客。在过去，平时如有过路客商想在侗寨投宿，只需要进鼓楼击鼓，就会有人出来迎接，热情款待。因此，鼓楼内外，每天总有人主动前去清洁打扫，夏天有人送来解渴凉水，冬天有人抱来烧火干柴，供取暖之用。

（5）鼓楼上的鼓是侗寨击鼓报信、传递信息的工具。鼓楼顶层悬挂有一个长方形细腰牛皮大鼓，侗族叫“款鼓”。过去，若遇兵匪骚乱劫掠，款首就派一人上楼击鼓求援。一听到鼓声响，全寨响应，村寨相传，鼓声齐鸣，人们应声而至，相互支援。

□风雨桥

风雨桥又称为花桥、福桥，是侗族工匠又一杰出的建筑创造。桥多架于村边寨脚的河流溪水之上，是一种亭阁式长廊形桥梁。其桥墩为砖石结构，由青石、石灰、沙土砌成；桥梁结构采用密式悬臂托架简支梁体系，以减少大梁的跨距。托架有单层、双层之异，主梁也有单层、双层之别；桥身以数根圆木架在桥墩之间，多采用伸背托梁的办法解决跨度问题。在这些圆木之上，横排若干木枋，与桥身基础部分的圆木宽度一致，然后再加一层顺着桥身的方形长木条，最后铺一层厚木板为桥面。花桥上的长廊亭阁是以桥身的长度，在桥面上左右两边竖起若干排亭柱，柱高约 2.7 米，分别用木枋穿接其上端，两枋正中再竖短柱几根，以便架梁覆盖。用木枋榫头将竖在桥面上的这几排亭柱穿接，形成长廊亭架。下枋内柱间铺以厚木板以做乘凉之凳。整个风雨桥不用一钉一铆，全部用榫栓衔接得天衣无缝，结实牢固，层次分明，重檐翘角，美观别致，显示出侗族人民聪颖、高超的智慧。如今，保存完好的风雨桥大约有 330 座，主要分布在广西三江、龙胜，湖南通道，贵州黎平、从江等地。

在众多的侗族风雨桥中，以广西三江的程阳桥和岜团桥、贵州黎平的地坪桥较为著名，为国家级重点文物保护单位。

程阳桥，又称“永济桥”，始建于 1912 年，建成于 1924 年，历时 12 载。桥全长 77.7 米，高 16 米，分三层，四孔五墩，每孔净跨度 14.2 米，桥宽 3.4 米，用高 10.6 米的 8 根连排巨柱分

贵州从江高增风雨桥

贵州黎平地扪风雨桥

上、下两层重叠于桥墩之上，竖柱立架，上盖青瓦，下铺木板成长廊道。顶上有5座亭阁，当中一座有个6角，两边各一座为4层4角，另两座为5层殿式楼亭。远看5亭并列，层层叠叠，雄伟壮观。1982年，该桥被列为国家级重点文物保护单位。1966年，郭沫若曾为程阳风雨桥题有七律古诗：

艳说林溪风雨桥，
桥长廿丈四寻高。
重瓴联阁怡神巧，
列砥横流入望遥。
竹木一身坚胜铁，
茶林万载茁新苗。
何时得上三江道，
学把犁锄事体力。

地坪风雨桥位于黎平县地坪乡，横跨于美丽的南江河上，始建于清光绪二十年（1894），1959年毁于火灾，1964年在原桥的基础上重建，现已被列为第五批全国重点文物保护单位。该桥全长约70米，宽4米多，高距水面8米。桥的结构除了和一般风雨桥一样外，桥上还建有桥楼三座，二大一小，中楼为五重檐四角攒尖顶，顶部安置葫芦宝顶，宝顶下饰以如意头饰。楼高约5米，形如鼓楼状。两端木楼皆为三重檐歇山顶屋面，楼高约3米。桥楼翼角巧妙地安装了套兽，横廊顶脊塑有鸳鸯鸾凤。桥楼中部四柱，各绘有青龙一条，廊内两侧绘有侗族历史人物故事和花鸟山水等壁画，色彩艳丽，形象逼真。桥中楼顶层天花板绘一彩凤，栩栩如生。在桥两端柱壁上，书有三副楹联。南端的二联是：

国泰民安白虎山头多彩艳
风调雨顺青龙江岸换新颜

旭日东升四面荣华新美景
红霞西照五色彩云显豪光

北端一联是：

沧海桑田世庶黎民景星见
龙蟠凤逸社稷升平庆云生

侗寨风雨桥的一端多有青石板道通向村里。寨脚的风雨桥与寨头的鼓楼相对立，在云雾萦绕的早晨，远眺过去宛如游龙一般，美不胜收。

关于风雨桥，侗族民间有这样一个传说：

相传很古的时候，侗家从遥远的地方来到都柳江畔，用辛勤的双手建立起了家园，过上了丰衣足食的生活，家族也繁衍起来，一派欣欣向荣的景象。白天，人们上山打猎种地，下河捕鱼捞虾，一派繁忙。晚上，小伙子们弹着琵琶，唱着动听的情歌去闹姑娘。姑娘们在月光下支起纺车，一边“吱吱嘎嘎”地纺纱，一边唱着歌。

从东海游来的一条小白龙，一游进都柳江，就被江两岸美丽的景色迷住了。晚上，又被这甜甜的歌声陶醉了。于是它就在侗寨附近的一个深潭里住下了。白天，他变成一个英俊的小伙子，帮乡亲们种田，修整木楼。晚上，同小伙子们一起去和姑娘们对歌，好客的侗家以为他是从远方来的小伙子，都热情地招待他，拿出了喷香的腌鱼、醇香的美酒。有一个叫姣美的美丽姑娘，深深地爱上了小白龙。小白龙也决心定居下来，和侗家人一起生活。

可是，一连好几天小白龙都没有到寨子里来，是怎么回事?乡亲们都像丢失了宝贵的东西似的，姣美更是焦急得望眼欲穿。原来，有一条乌龙也来到了都柳江上的这个深潭里，他问小白龙为什么不回东海去？忠厚的小白龙把自己的一切告诉了乌龙。乌龙是一条恶龙，一听白龙说完，就吼叫起来："你凭什么能和最美丽的姑娘好？美丽的姑娘应该属于我！快把你的姣美让给我！不然……"小白龙坚决不答应，乌龙恶狠狠地说："我们两个决斗吧，谁胜了，姣美就是谁的。"小白龙只好答应了，但又怕搏斗起来影响乡亲们的安宁，就和乌龙约定到东海去决斗，两条龙打了三天三夜不分胜负。白龙趁乌龙休息的时候，急忙回来告诉乡亲们这个消息，还向乡亲们说明自己是小白龙的化身，并要乡亲们提防乌龙来破坏。

乌龙不见小白龙，以为小白龙怕它而躲开了，就变成一个又黑又胖的男人，来到侗寨。他到处找姣美，一见到姣美就要唱歌，有一大股臭气从他的嘴里喷出来，姣美拼命躲藏。乌龙到处追姣美，而且随便看见哪里有好吃的，抓来就往嘴里塞，乡亲们十分厌恶乌龙，谁都不理他。乌龙四处讨没趣，就回到了都柳江的深潭里，思谋对策。

小白龙到东海不见乌龙，怕它到侗乡祸害乡亲们，急忙回来。乌龙见小白龙来了，把一肚子的气向小白龙撒去，冲上去就是一场恶战，打得天昏地暗，飞沙走石，从晚上一直打到天明。姣美和乡亲们知道是两条龙在搏斗，都不顾狂风呼号，有的拿斧头，有的拿砍刀，纷纷赶来助战，只要两条龙从空中降下来，乡亲们就齐砍向乌龙，乌龙疼痛难忍，就狠狠地吐起水来，霎时，洪水滚滚，波涛汹涌，乡亲们被逼得爬上房，爬上树，处境危险极了。

突然，一片汪洋之上出现了一道长而弯曲的大桥，桥面上还有挡风雨的屋面，连通洪水两边的高山。被大水围困的乡亲踏上大桥，奔向两头的高山。这座桥是小白龙变的，乌龙乘机向小白龙扑去，刚走上桥的姣美见状不顾一切地挥刀向乌龙狠狠地砍去，浑身是伤的乌龙被姣美砍中要害，流了很多乌黑的血，死了。然而姣美也沉到水底去了。小白龙看姣美被水卷走了，非常悲伤，想去救姣美，但自己身上乡亲们还没有走完。等到乡亲们完全脱险，他就变成了一座桥，永远地飞架在都柳江上了。

为了纪念小白龙和姣美，侗家人在都柳江上，在自己村寨的小河上，仿照小白龙变成的桥来修建大大小小的桥梁。能工巧匠们在桥上雕刻、绘画，把桥梁装饰得非常美丽，因而有人把这些桥称为“花桥”。又因为这种桥上有亭子，有屋面，能躲避风雨，所以，又叫“风雨桥”。这种桥越建越多，成了独具特色的民族建筑和珍贵的民族文物。①

在实际生活中，风雨桥有着多种功能：

(1) 侗族人民大多居住在溪水河流之边，劳动生产经常需要往来涉水，有了风雨桥以后，就可免受涉水之劳。

(2) “风雨桥”顾名思义，是给侗家避风躲雨的场所。在田野中生产的侗家人，若遇风雨袭击，可到风雨桥中避雨。

(3) 花桥都建在寨旁或寨脚的溪水河边，这里山风轻拂，清澈的溪水在桥下潺潺流淌，风雨桥成为农闲时侗家人休息、娱乐的好去处。

(4) 风雨桥是侗寨迎宾桥。过去侗族走亲戚时，一般要到黄昏时才能进寨，这表示对主人的尊重。在天黑以前，通常都在风雨桥休息等候。如黎平县的地坪风雨桥旁的亭阁内专门有一位老人守桥，并备有茶水。寒冬时节寨子里的人还轮流送柴到亭阁

① 贵州省文管会办公室、贵州省文化出版厅文物处编：《贵州文物古迹传说选》，贵州人民出版社，1985 年版。

去，以免有客人来时受冻。

(5) 起到“堵风水，拦村寨”之功效。侗族人立寨建房都很讲究地势风水，当村寨所处的地势风水不尽如人意时，往往要建一座福桥消除其弊，以补风水之缺，求得人畜平安，村寨兴旺富裕。

广西三江县是侗乡风雨桥较多的县，除著名的程阳桥、岜团桥外，县内还有106座风雨桥。此外，通道的回龙桥、普修桥、黄土桥，芷江的龙津桥等，也都是造型美观大方工艺精巧的“花桥”。

二、社会民俗

宗　族

侗族聚族结寨而居，以族姓为纽带进行活动。有的一寨一姓，有的虽然一寨数姓，但各姓都有一定的范围，自成群体。族内由若干血缘亲近的家庭组成“亲房”，各家女儿配婚，要得到亲房的认可；房屋、田地、山场出卖要优先亲房后外人；婚丧大事，亲房必须拢场；有人行为不轨，亲房有职责出面干预。若干亲房组成“房族”，若干“房族”组成“宗族”，公推“族长”主持处理族内事务。家族长必须是德高望重、办事公道的能人担任，凡家族内的大小事务均与之商量拿主意，与其他家族或村寨的联系和交往也都请族长出面。族长对内召集款众订立款约，主持公道，调解内部事务，裁决纠纷；重大问题经族长（通常也是寨老）调解无效，才上告官府了结。族长解决纠纷无报酬，只受1—2餐酒饭招待。族内重大事件由寨老召集全族会议商讨，一般由各户的男主人参加，无男户主的由女户主参加，均有发言权和表决权。一经议定，共同遵守，并将议约立碑刻石于寨门、山坳祠堂、坟山。内容包括族规、田地、山坡、森林、水流、财产、婚姻、居住、丧葬等方面，违者必罚。在生活、节日、喜庆婚姻、丧葬等方面，族内成员都有相互帮助的义务。1949年以后经过土地改革，祠堂的公有田地被征收分配，宗族活动逐步停止，宗族观念日益淡薄。一般来说，在日常生活中，当人们相互需求时，真正起到联系各个小家庭作用的是“房族”（有些侗族地区称为“补拉”）。房族按血缘远近还可分为大房族和小房族，小房族中的各个小家庭之间关系相对亲密些。在一些侗族地区，大房族实际与“基”相当，而小房族则与“翁”相当。在“基”和“翁”之上又有“头”。“头”相当于“族”或“群”，如前所述的“宗族”之意；“基”，有“墓地”、“禁忌”、“甑子”等意，是由“头”分裂出来的；“翁”意为“祖公”，[①] 侗族人常将关系密切的各个小家庭称为“共公的”，意即来源于共同的老祖父，相互间在谈及某事时，也常说“宁高然”，即一个家里人，反映其关系的密切。

在某些侗族地区，按照习俗，当一个“房族”发展到50户以上时，通常要分为两个房族，其主要目的是减少亲属往来中的负担。分开后的房族，虽然都各自办理其内部事务，但仍坚持一定的亲情，且有的居住地连成一片。在部分侗族地区，有的村寨从地缘空间上又划分为不同的“团”（往往包括一定数量的户数），在许多“团”中，实际就是由原来的大房族组成。历史上，房族不仅是村寨的基层组织，也是款的基层单位。可以说，房族在村寨结构中充当了重要的环节，是村寨事务运转的基本组织。

在一些地区，20世纪80年代以前，“房族”在社会生活中还有一定影响，但此后其影响也急剧衰落。以榕江县车江为例，该地区仅车寨侗族就有27个房族。房族内部有共同供奉的祖先、共同的祭祀活动、共同遵守的行为规范、共有的经济活动和公益活动。房族内核心小家庭的婚丧嫁娶等“红白”事，一般都以“补拉”（即房族）为单位进行，房族所有成员均参加，有钱出

---

① 贵州省地方志编纂委员会编：《贵州省志·民族志》（上），第290—291页，贵州民族出版社，2002年版。

钱，有力出力。同时房族所有成员对于年老体弱者、鳏寡孤独者、生活困难者，均有相互帮助的义务。在较早时期，房族还有军事组织的功能，当受到外侮或外侵时，房族全体成员组织起来或联合其他村寨成员共同抵御。对于违犯族规或村规者，要遭到房族的谴责和惩罚。如对于不遵守族规不听规劝者，房族成员均有训导之责；对于给房族声誉造成损失者或财产造成破坏者，则有可能被开除房族，甚至遭到极刑。故而人们通常会以族规来规范和约束自己的言行。

一般来说，房族有族长，多为族中年长者担任，他的主要职责是总揽全族的重大事务，调解族内外纠纷，维护族内正常秩序，组织族内公有经济的生产和分配，组织族内成员参与村寨的公益建设，如挖渠、修路等。战时，族长还承担军事首领的职责。从侗族房族的上述功能来看，它具有早期氏族社会功能的内核，对所属成员行为起到规范和生产、生活、心理扶持的作用，同时在一定时期对维护侗族社会机制的正常运作也起过重要作用。在较长一段时期，对于车江侗族来说，几乎每一成员对其所属的房族都有认同感，房族的一些社会功能对其所属成员也仍发挥一定的约束和支持作用。但在历史发展的进程中，房族的原始功能逐渐发生了较大的变化，尤其是近 20 多年来的社会发展，房族的一些功能在弱化甚至消失。首先，房族的军事功能已不复存在。由于国家在侗族农村基层组织的建立和完善，自然资源由政府统一分配，各个房族间难以形成均衡的敌对力量，当房族成员间出现难以调和的矛盾时，往往由国家的权力来干预，不可能发生那种全族性的敌对抗争。房族的军事组织功能在此过程中也自然而然地消失。当然，各房族成员之间的矛盾不可能在国家权力干预下消失，如果不涉及国家法律范围，则往往由基层领导或村寨中有威望的年长者来调解，房族作为一个整体可能有舆论上的参与，但很少付诸于实际力量上的较量。其次，族长权力的削弱。与房族军事功能的消失相联系，族长的军事首领职能也消失了；同时，在国家公有经济的条件下，房族的公有经济也没落了，族长从而失去了组织公有生产和分配的职能；族长组织公益活动的职能和调解纠纷与矛盾的职能也由基层干部或其他职能部门所替代；更为重要的是，现在的族长在公众的认同中糅合了许多其他因素在其中。过去，族长可能是族中最年长、有威望者自然形成其权力，但现在可能是受过一定教育的年长者或担任一定职务者（所谓的“国家基层干部”或族中之“精英”）。当然，对于族内的一些大事，如婚丧嫁娶等，族长还是有一定的发言权的。再次，族内的许多公共活动基本不存在了，如共同的祭祀、共同的经济活动、公益活动等，也没有了须共同遵守的族内规范。现能联系族内成员的主要活动就是各个核心家庭或扩大家庭的婚丧嫁娶、建房、长子或长女的生育、农忙时节的互助等，对于一个族群来说，这些活动无疑也是他们的主要礼俗和生存的主要意义。房族所具有的这种相互支持的社会功能，对房族成员依然有一定的凝聚力作用，是其得以延存的根本所在。但近几年来，由于从车江出来的“国家干部”和外出打工者日渐增多，传统礼俗中的一些主要活动，如婚姻、生育、建房、经济互助等都不在村寨中进行，而与外在功能单位的互动加强，从房族中获得的支持功能正在消失，房族的认同感日趋淡化。在现代化的浪潮中，支持房族功能沿续的社会基础不断被剥裂，它所具有的功能也逐渐被社会的其他职能部门替代。

村　落

侗族村落是侗族人生活和互动的空间，它的形成主要依据其所在的自然环境、生计方式以及侗族人对自然环境的认识和感受、族群互动的需要等因素。从自然环境方面来看，侗族村落多坐落在依山傍水、水陆交通相对便利的的河谷盆地、低山坝子、缓坡台地或水源较为充足的半山隘口地带。依山傍水是侗族人择址建寨的一个基本要点，自清代以来的汉文献对此也多有记载。如《百苗图·洞苗》说："洞（侗）苗在天柱、锦屏二县所属，择平坦近水而居。"[①] 李宗坊《黔记》也有"洞（侗）人皆在下游"的记载。民间还有"高山住瑶，半山住苗，侗家住山槽（即近水的垌场）"的谣谚。古歌也唱道："村是根来寨是窝，鱼靠水来村靠坡，村离山坡要枯死，人离村寨不能活。"侗族集中分布之地多处亚热带，那里重峦叠嶂，河溪纵横，主要有苗岭支脉、武陵山、佛顶山、九万大山等大山和都柳江、舞阳河、清水江、浔江等河流及其支流。山水交融之中，星罗棋布的侗族村落靠山沿水，顺山而延、顺水而连，三里一村、四里一寨，错落有致，动中有静，静中有韵，构建了一个充满生机与活力的生存空间，如古人所云："以山水为血脉，以草木为毛发，以烟云为神采。"[②]

按照村落分布的空间环境差异，一些学者将之归为三种类型：[③]

1. 山脚河岸型。该类型的村落约占侗族村落的80%以上，它们多地处低山脚，背靠山脉，面朝河流，民居依地势高低错落有致。如湖南通道的平坦河流域，从高步到双江30余公里长的沿河一岸，分布着20多个侗族村落。贵州从江县的高增、小黄、占里、苏洞，黎平县的肇兴、牙双，榕江县的保里、八吉，广西三江县的平岩等村落，均属该类型的代表。

① 李汉林著：《百苗图校释》，贵州民族出版社，2001年版。
② （宋）郭熙：《林泉高致》卷1，清顺治刻本，载《说郛》第92页。
③ 冯祖贻等著：《侗族文化研究》，贵州人民出版社，1999年版。

2. 平坝田园型。该类型约占侗族村落的15%，它们多地处支流与主流交汇处较开阔的小盆地（俗称“坝子”），地势较平坦，村落建设较规整。著名的有贵州榕江的车江和天柱的五家桥寨、广西三江的弄底和龙胜的平等寨等。

3. 半山隘口型。这类村落约占侗族村落的5%左右，其规模一般较前二者小。它们多坐落在水源较充足的半山腰和山坳口，民居依山势高低错落排列，重重叠叠，富有层次。该类村落形成较晚，有的因老寨人口过于密集而从中分离出来而成。贵州榕江的宰大、美阐，从江的归柳上寨，黎平牙双的岑寨，广西三江的归东、光里，龙胜的平安寨等，均属这一类型。

侗族建村寨选址要看风水、龙脉，讲究“负阴抱阳”、“背山向阳”。人们认为，只有根据龙脉来建村立寨，并根据龙脉的走势来规定建筑物的规模，才能降伏龙脉而又不伤龙脉，并使村寨人丁兴旺，纳福受禄。故有些村落在立寨前要先拿水土来称，哪里的水土最重，就在哪里建寨。贵州锦屏九寨一带的侗族风水师们将依山傍水的村寨坐落模式解释为“坐龙嘴”。他们认为，龙脉顺山脊到坝区或溪流戛然而止，所止之处称为“龙头”。龙头后面必是蜿蜒起伏的山脉，在这样的水边或向阳处建房，就叫“坐龙嘴”。在村落的选址上，侗人还注重入村的道路和村边的水道状况。一般来说，入村的道路多选择在东面或南面，很少选择北边和西边，因为太阳从东边升起从西边落下，从东面入寨，即有兴旺发达之意；至于寨前的河道，也多以弯曲为吉，这样才能留住财源。同时，侗族人还常以修桥、栽树、立亭、改道、改水立寨等方法来完善风水，弥补风水之不足。如后山来势凶猛，侗人便在后山多种树蓄林，视为“风水林”，以除邪趋吉；溪涧源源而流，隘口穿风而过，以为会带走财福，故常在溪流上架桥、在隘口处建凉亭，以留住财源。如湖南通道黄土村坐落在低矮的河边台地上，据称，原来的风水很好。自从通往坪坦的公路从寨的正面山坳上通过，挖开了一个大大的缺口，风水师便认为此寨已漏风，民不会殷实。于是全寨集资出力，在挖开的缺口处修建了一座高高的凉亭，挡住了风口，以此完善了村子的风水。与“风水林”、风雨桥、凉亭的建筑一样，池塘也往往是针对不理想自然环境的一种积极处理。风水师认为，“塘之蓄水，足以荫地脉，养真气。”[①] 在一些侗族村落的外围多建有池塘，既有蓄水养鱼、蓄水救火的功能，也有趋吉避凶、求福纳祥之意。

受汉族影响，侗族村寨和房舍也讲究前朱雀、后玄武，左青龙、右白虎的四兽方位，民谚说：“不怕青龙高万丈，就怕白虎抬头望”，认为“青龙”一定要超过“白虎”才兴旺，这样才能“聚气”、“聚财”；民间还有“前有笔架山，秀才代代传”、“后靠卧龙山，有人在朝上”等观念，以示文运与自然相得益彰，交相辉映，村中人才辈出，功名成就。可以说，侗族村落与自然山水相契合，是一种“顺应自然、利用自然、装点自然”的典型模式，这一模式亦具有生态学上的意象。背后靠山，有利于抵挡冬季北来的寒风；面朝流水，既有利于迎接夏日掠过水面的南来凉风，还能享舟楫、灌溉、养殖之便；朝阳之势，便于获得良好的日照；缓坡阶地，既可避淹涝之灾，又可使村落中的民居获得开阔视野；周围植被，既可涵养水源，保持水土，又能调节小气候，还可以获得部分薪柴，解决燃料之虑。多样的因素结合在一起，便构成了一个生机勃勃的有机生态环境。[②]

侗族人一般都是以族姓结寨，通常一寨一姓或一寨几族二三姓。吴、杨、石、龙等，都是侗族的大姓。每个村寨少则数十户，多则几百上千户，有的称之为“团寨”。大寨又分为若干个

---

① （清）林牧：《阳宅会心集》卷上“开塘说”，清嘉订十六年刻本，转引自何晓昕编著：《风水探源》，第76页，东南大学出版社，1990年版。

② 刘沛林著：《古村落：和谐的人聚空间》，第95页，上海三联书店，1997年版。

格（侗话称峒），如榕江县车寨是由妹寨、莽海、八家、腊尧、腊流、腊威、腊万、腊金、迫祥等格组成。南部方言区的车寨、肇洞、贯洞、高增、龙图、朝滴、育洞和北部方言区的兰田、高酿、邦洞、茅坪、报京、九寨、王寨、小广、南明、瓦寨等，都是侗族地区有名的大寨。车寨素有“千户寨”之称，坐落在鱼米之乡——车江大坝上；肇洞，即肇兴，亦有“千户肇洞”之称，坐落在黎平县境内一个狭长的山谷中；贯洞和龙图俗称“七百龙图八百贯”，位于六洞大坝上；从江高增寨曾鼓楼林立，木楼多姿，是南侗地区民族传统文化保存较为完整的村寨之一。建于明清时期的湖南通道芋头侗寨古建筑群还被列为全国第五批重点文物保护单位。

贵州黎平地扪

侗族村寨的布局，保留了较多的遗风。建立新寨，头一件大事就是考虑公共建筑和公共场地，总是先建好侗寨的象征和标志——鼓楼或“荆门”，在鼓楼的旁边建芦笙坪，地坪旁建“先母坛”，地坪对面建小型戏台，这些建筑的后面才是各家住屋。寨里的道路以青石板或卵石铺砌，青石铺的叫青石路，卵石铺的叫

黎平肇兴风雨桥

贵州从江小黄

贵州黎平登岑粮仓

水井

“花街”。因人们总是把它砌成各种图案，十分美观，故称“花街”。村寨出入口处，建有寨门，侗人称之为“现”。寨门为“井干式”木质建筑，长宽5尺见方，高约1丈左右，分前、左、右三门或前、后、左、右四个寨门。主要视村寨大小而定，如高增寨300余户人家，共有12个寨门。与寨门相连的是围着村寨的石垒墙，墙上多栽荆棘刺蓬，是过去侗人为防匪患劫掠，保护村寨而建的设施。进入寨门，则是用杉木条穿就的横栏“禾晾”，专供秋后晾晒禾把所用。村寨外有竹林、风水林、风景林。整个村寨，山水环绕，避风向阳，寨内屋檐相接，青瓦嶙嶙，参差错落，花阶石路相连，花桥横跨溪流，凉亭坐落山坳，古树相依，宛如一幅美丽的画卷。

贵州从江高增寨门

侗族喜欢养鱼，寨子外面总是池塘环绕，几乎每家每户都有池塘。另外还有公塘，公塘的鱼每年分一次，完全是平均分配，厕所多建在池塘上，利用人粪养鱼。池塘除了养鱼，还可防火、洗衣、洗菜、供牛饮水等，在侗族村寨建设中，它还被视为补风水之处。

凉亭也是侗乡的一大景观，在村寨建设中，它既是人们纳凉、歇息的好地方，也具有补风水之功效。

侗族村落独特的景致和丰富的文化内涵，引起人们的关注。

不仅产生了许多民俗旅游村落，有的还建起了博物馆。2004年11月28日，广西三大生态博物馆之一——三江侗族生态博物馆隆重开馆。三江侗族生态博物馆以县城的博物馆为展示中心，辐射到独峒乡孟江上游沿岸15公里内的9个侗族村寨。这些区域内山水奇秀，集侗族的寨门、鼓楼、风雨桥、民间传统文化艺术、民风民俗以及田园风光为一体，沿途共有风雨桥13座，鼓楼26座，吸引了诸多的中外游客游览。

□寨老和活路头

一般侗族地区每寨都有寨老（侗语称样老），格有格老（侗语称垌老），寨上的大小事务由他们决定。这些寨老、格老有自然形成的，也有选举产生的，他们一般都要为人正直，能说会道，精通侗族古歌，办事公正合理，日常生活中，有事理事，无事生产，无报酬俸禄。如某寨老办事不公，出现假公济私的行为，不仅要受到谴责，而且其威信也逐渐下降，渐渐失去村民们的信任，寨老资格也就丧失了。历史上，寨老们依据乡规民约处理村寨事务，对维护侗族地区正常的社会生产和生活秩序、兴办公益事业、组织群众娱乐活动、传承民族传统文化等方面起到了重要作用。中华人民共和国成立后，由于基层组织建设的加强，原来寨老制度和它的作用受到了一定冲击和削弱。但在一些边远的侗族地区，由于社会发展不平衡和血缘关系的影响，这一制度仍在一定程度上发挥作用。近年来，在另一些地区，由于基层组织作用出现了真空，传统的寨老制度又出现复兴的端倪，在组织民间传统活动和维护生产和生活秩序方面显示出一定的作用，指导着人们的行为规范。

此外，在许多侗族村寨还有活路头，侗语称“高贡”，在侗族社会组织中，主要起到指导和管理生产的作用，通常是在新春伊始，带领村民举行农耕仪式。活路头一般由村寨中的老户男性成员充任，可以世袭，父死子继。如遇天灾人祸等特殊情况时，才由巫师占卜重新更选。本寨如没有合适者，也可以到其他村寨挑选，年龄不限，但要举行仪式加入原活路的家族，成为其中一员。若其未婚，就在本寨给他找一位姑娘成亲，并给良田，让其自耕自食。作为活路头，没有特权，也没有报酬，他们为村寨所做之事均为义务性质。

民间组织

早在宋代，在侗族社会中就产生了一种民间社会组织形式，叫“款”或“门款”。它是一种村寨之间的联盟组织，也是一种民间自治和民间自卫的地缘性组织。宋人李诲在《受降台记》中载：淳熙三年（1176）靖州中洞的侗族百姓“环地百里合为一款，抗敌官军。”[①] 朱辅在其《溪蛮丛笑》中也记述侗族地区：“当地蛮夷，彼此相结，饮血叫誓，缓急相救各曰门（盟）款。”这种民间社会组织形式直到20世纪50年代还在许多侗族地区保留，并起到一种民间政治制度的作用。款有小款、中款、大款和扩大款之分。

小款是款组织的最基层单位，它一般由邻近的几个村寨或自然村组成（通常是一个房族）；中款则是由邻近的几个村寨（小款）构成；大款是由邻近若干个中款组合而成，往往是一个较大的区域范围，如《开坪款》中所记载的大款区，共由13个中款区合款而成，包括今通道侗族自治县、龙胜各族自治县、三江侗族自治县，以及黎平与通道接壤的侗族地区；扩大款，也叫“联合大款”，即是几个区域或绝大部分侗族地区组织联合构成的。

① 道光《直隶靖州志》卷十。

在侗族历史上曾出现过“九十九公合款”的扩大款。它联合的范围，包括今湘、黔、桂三省（区）交界的整个侗族地区，是侗款中最大的款组织。

这些小款、中款、大款和扩大款，把整个侗民族联系在一起，使其社会内部形成了系统而严密的社会组织。然而这些款组织之间是平等的，虽有大小之分，却无上下级关系之别，它们之间的联合是建立在平等的基础上。同时，各类款组织均无常设的专门办事机构和专职办事人员，行使管理职能的是款首联席会议，因无固定或常设的召集人，一般由通知开会的款首充任。在联席会议内，各款首的地位也是平等的，他们均有权通过召集联席会议，共同研究解决出现的问题。

款首。各类款组织都有自己的头领，即款首。款首由有关村寨的头人推选，多由为人正直、办事公道、见多识广、德高望重、能言善道、熟悉本民族历史及款规款约者充任，许多款首还具有某种特殊的技艺专长，如为歌师、鬼师、武术师、款词讲述者等。款首职责为平时处理本款事务，执行款规、款约，代表本款出席联席会议，贯彻执行大款决议等；外敌入侵时，则组织和指挥款众进行抵抗。款首一般都不脱离生产劳动，没有特殊的待遇，也无专门的办事地点和办事机关。他所进行的活动，完全是义务，无分文报酬。款首如不称职，随时可能被款众撤换或改选。另外，各类款一般还有一个公务人员，称为“款脚”，简称“脚”，其主要职责是传递号令、通知开会、看守鼓楼。遇有紧急情况则擂鼓、吹牛角、点燃烽火报警。款脚的社会地位比较低，他的衣食主要靠大家捐资，多由无产无业无家的男子充当，殷实人家的子弟一般不担当此角色。

款坪。凡款都有固定的集会场所，称为款坪。有的款坪设在村寨的鼓楼坪上，有的则设在离村寨不远的比较平坦的山坡或河坝中，如杨柳坪、道上坪、井元坪、江箭坡款坪等都是一些比较著名的款坪。侗族民间念词《十三款坪款》就叙述了流传于湘、黔、桂边界的13个款坪的地理位置及所辖村寨。款坪内没有什么特殊的房屋建筑，只有一个供款首念诵款词或发布号令用的土台或石台，此外还有象征或记录款会决议的款碑。[①] 款坪是款首召集款民集会，宣讲款规款约和执行款约的一个重要场所。"聚款"（犹如现在的立法活动）也多在款坪进行。届时，款首邀集寨老，款脚传报众人，大家相聚在一起，剽牛合款，饮血盟誓，聚众制定规章。

款约。各款有其内部的规章约法，称为款约或约法款，它是侗款这种综合文化体的核心组成部分。关于款约的产生，款词中说："混沌之年，生得楚王和汉王。他们置枪相杀，置箭相射。射死了九层棉阳的儿子。"于是九层棉阳的另外几个儿子就向楚王和汉王讨还血债。"哥说要三百匹布，弟说要四百两银"，使楚王和汉王财力耗尽，家产败光。为了拯救楚王和汉王的子孙，"张古王和盘古王越过塘边对话，走过田埂商理。他们折断矛头，使它变成晒纱杆；他们毁掉盔甲，使它能当板凳坐。"从此，"纠纷终结于山巅，讼事了结于山梁……老虎不吃野猫，野猫不吃小鸡"。可是，"因为复因为，因为罗单公走过田坝时偷了别人的鹅；因为罗懂公走在路上偷了别人的羊。朝王的女儿偷了祖母的棉纱；朝王的祖母又偷了外祖母的纱锭。朝王的子子孙孙，睡不安稳，站不安宁。"于是，他们"一喊一，筹金子；二喊二，积银两。"他们将这些金子和银两拿到麻龙寨上买得一头白水牛，又将白水牛牵到河滩上去宰杀，"将牛头砍成四块，将牛的腮帮破为四瓣。一瓣送给周富创造侗歌；一瓣送给六郎创造约法。创得约法二六十二面，二九十八条：六面阴，六面阳；六面厚，六

① 邓敏文、吴浩著：《没有国王的王国：侗款研究》，中国社会科学出版社，1995年版。

面薄；六面上，六面下。”这则生动有趣的传说，表明侗族款约产生的年代较早，且主要与偷、杀等社会问题有关。正如《侗款起源》中所说：“古时人间无规矩，父不知怎样教育子女，兄不知如何引导弟妹，晚辈不知敬长者，村寨之间少礼仪。兄弟不和睦，脚趾踩手指；邻里不团结，肩臂撞肩臂。自家乱自家，社会无秩序。内部不和肇事多，外患侵来祸难息。祖先为此才立下款约，订出侗乡村寨的规矩。”又说：“当初村无款规……内忧无法解除，外患无法抵御。有人手脚不干净，园内偷菜偷瓜，笼里偷鸡摸鸭。有人心起歹意，白天执刀行凶，黑夜偷牛盗马。杀死好人，造成祸事，闹得村寨不安宁，打得地方不太平。村村期望制止乱事，寨寨要求惩办坏人。”[①] 可见，侗族款约的出现是侗族社会发展到一定历史阶段的产物，是对侗族地区自私有制产生以来而引起的种种社会问题及矛盾的缓解，因而对稳定侗族地区的社会秩序，促进社会经济发展，协调人们之间的关系都起到了积极的作用。

侗款款约内容十分丰富，涉及侗族群众生产生活的诸多方面，如婚姻家庭、道德规范、偷盗、纵火杀人、土地山林纠纷及保护、对外关系、农事、文学等等。在长期的流传过程中，由于社会不断发展和各地域之间的文化差异，款约的内容也在不断发生增减和变化，但从总的情况来看，各地流传的款约基本内容大体相同。如流传于广西三江侗族自治县的《约法款》共 18 条 756 句，分“六面阴”、“六面阳”、“六面威”三大部分，每部分又包括 6 个方面的内容。流传于湖南通道侗族自治县的《约法款》共 12 条 362 句，分“六面阴”（亦称“六面厚”）和“六面阳”（亦称“六面薄”）两大部分，每部分也包括 6 个方面的内容。其中“六面阴”多为重罪，对犯者一般都要

① 湖南少数民族古籍办公室编：《侗款》，第 40—41 页，岳麓书社，1988 年版。

敲锣喊寨，表示悔过。三江侗族《约法款》中的“六面威”属一般的礼仪或道德要求，如提倡相互尊重、热情好客、和睦共处、避免纷争、秉公断案、依约行事、齐心合力、治理村寨等，对犯者则以教为主。

款约在传统的侗族社会中起到了法律的作用，这主要表现在它对当地群众具有约束力、强制性，而且款约面前人人平等，无“刑不上大夫，礼不下庶人”之理。同时，从款约中我们还可以看到，它对各类案件的处理是有分寸的，按犯款行为的情节轻重，分别给予批评教育、罚款、劝其改正；对执迷不悟及重刑者，则体罚、驱逐甚至处死，其目的就是要建立“法”的制度，使整个社会处于有序的状态中。可以说，款约是一部地方性的民族法规，对我们现在探索和建设民族法制提供了参考和借鉴。

作为具有浓郁民族特色的“法律”，款约不是总以严肃、呆板、令人生畏的面孔出现在人们面前，而是常以生动的比喻、形象的语言、风趣的描述来说明违犯款规的行为及其处理方式，做到以理服人。如“六面阴”款规四层四部讲到伦理道德规范时说：“如若哪家孩子，头上不长耳朵（喻不听劝阻），眼睛不长珠子（喻目中无法规），嘴上没有兄弟（喻无长幼序），心中没有亲戚（喻不懂规矩）；他当公公却贪恋儿媳（喻乱伦），他当兄弟却贪恋姐妹（喻胡来），他把母亲喊成姑妈，他把姑妈喊成母亲（母亲是父亲的妻子，姑妈是父亲的姐妹，二者不能混为一谈）；他把斧子叫做锄头，他把鼎罐称作铁锅，他要大树变成竹子，他要萝卜变成菠菜（喻破坏传统的婚姻制度）；他搞乱了村规，他破坏了寨理。今天全村依村规来吃他，今天全寨依寨规来喝他（全村寨人强行到罪犯家喝酒吃肉，遇猪杀猪，见鸡杀鸡。谁要是不去，则被看成是对罪犯的同情，也要受到同样的惩处），吃他到底，喝他到根，吃得他家田地不许剩一块，喝得他家鱼塘不许剩一眼；牵他到村头旋水塘，赶他到寨脚绿水塘（对罪犯本人处以水淹的死刑），叫他跟乌龟共村，叫他同团鱼（乌龟）共寨。”又“六面阳”款规六层六部说：“如若哪家孩子，鼓不听捶，耳不听劝，不依古理，不怕铜锣（喻目无法纪）；他毁山毁冲，毁河毁溪，毁了十二个山头的桐油树，毁了十二个山头的杉木林。寨脚有人责怪，寨头有人追查，寨中有人告发（喻民愤很大）；我们就跟他当面说理，我们就跟他当面定罪。是真就是真，是假就是假。是真就共同查办，是假就共同改正。哪怕他告到龙王殿上，哪怕他告到州府县衙，哪怕他骨硬如钢，哪怕他骨韧如铜，我们也要把他敲碎，我们也要把他锤熔（喻官府不能干涉款组织的内部事务，表现出款的自治职能）。”这些形象、生动的语言，使诵者朗朗上口，听者不觉乏味，更能心领神会，从而加强了款约的渗透性和约束性。

款词。款约的艺术特点使其在辗转流传的过程中逐渐形成一种文学形式——款词。侗族没有本民族创造的普遍使用的文字，在汉文传入侗族地区前，款约的流传主要是口头流传，即口头背诵和讲款。讲款是款组织的重要活动，每年都有一个固定的时间，由款首召集款民聚集在款坪前讲解款规款约。为了使群众更能心领神会，扩大宣传影响和便于传诵、记忆，款首在宣讲那些不成文的、枯燥乏味的款规款约时，就不断增加款词的生动性、形象性、风趣性及合辙押韵的色彩，使其成为具有文学艺术色彩的款词。款词是一种有节奏感的韵文，吟诵起来朗朗上口。其内容亦相当广泛，凡款约所包含的内容，款词均有涉及，并形成了五彩缤纷、内容各异的数十类款词，他们还习惯于将每种类型的款词标上名称，如“款坪款”、“约法款”、“创世款”、“族源款”、“习俗款”、“英雄款”、“出征款”、“祝赞款”、“请神款”、“祭祀款”、“道德款”、“花款”、“吴勉款”、“开款”、“聚款”、“约寨款”、“礼仪款”等等，是侗族政治、经济、文化、社会生活诸多方面的反映，也是该民族一种综合性的文化载体。由于款组织在历史的发展过程中逐渐演变，有的甚至在一些侗族地区消失或趋于消失，而以“款词”这种文学形式保留下来的许多民族文化内涵却得以传承，从这个意义上来说，款词在侗族民间文化传承方面显得尤其重要。它既是侗族民间文学的一种形式和传统文化的主要内容之一，又是保存、传承发展侗族传统文化的载体，它是该民族智慧的结晶。

社交礼俗

□打老庚

打老庚是侗族房族之外同性人中最常见的一种交谊方式。两人一旦觉得性情相同或互相敬慕，一方提出“打老庚”，对方同意，便可选择一个日子，一方带上自己的“庚帖”（“八字”）和对方最喜欢的礼物到对方家拜访，对方便宰鸡杀猪盛情款待，并请族中长者相陪，席间互换“庚帖”和礼物。两人打上“老庚”后便如亲兄弟姐妹，一方需要办事或出劳动力时，对方总是鼎力相助。逢年过节，双方轮流拜访。打上“老庚”之后，一般都终身来往，有的甚至两三代人都保持关系。侗族和周围其他民族间也有打老庚的，民族之间打老庚对于增进民族间的团结有着重要的意义。“打老庚”也有集体进行的，但集体“老庚”的情感远远没有个人之间的感情深厚。现代“打老庚”大多已不换“庚帖”，礼节已不是很庄重了。

□迎宾仪式——拦路

“拦路”是侗族村寨交往中欢迎来客的一种仪式。在两寨青年男女的交往和迎娶新娘时最为常见。每当客人来访时，主寨就会安排隆重的“拦路”仪式欢迎客人。主人在路口门楼前设置板凳、竹竿、树枝、绳子等障碍物，把路拦起来。主寨的姑娘们拦到客人之后，或者是主寨的小伙子拦住客方的姑娘时，首先唱起《拦路歌》，唱出种种拦路的“理由”。接着客方的姑娘或小伙子则唱起《开路歌》，逐一推翻对方拦路的种种借口，许多歌里都是用诙谐的语言互相逗趣，通过一唱一答，使主客相见的气氛变得十分热烈。每当客人用歌答复了主人提出的一次盘问和逗趣之后，主方就把拦路的障碍物拆去一件，直到把拦在路上的障碍物完全拆除，将客人迎进寨子里为止。《拦路歌》一般是从《我们正寨忌》开始的，主方在歌里首先提出“生人不能进来的种种理由”，接着就提出一些出乎意料的问题。下面是两寨青年男女结伴走寨时唱的《拦路歌》：

主：我们正忌寨，
昨夜寨里下猫崽；
刚下猫崽生人不能进，
今天回去明天再转来。
客：你们莫忌寨，
这个月份不会生猫崽；
若是真生猫崽你们交好运，
不必忌讳快把寨门开。
主：我们正忌寨，
寨里出的事情真是怪；
奶奶长了黑胡子，
公公怀孕还未生下来；
古怪事多不吉利，
莫怪我们不肯把门开。
客：世上禁忌也是百样有，

唯独没有哪人忌朋友；
你们“娜乜”（姑娘）谁是领头？
快出来讲根由；
若是道理讲不清，只有当众来现丑。

如果对方是来接媳妇的，主寨上的青年就这样唱道：

拦你路，
今天我们寨上祭“祖母”（萨岁）。
“祖母”堂中在敬茶，
陌生的人不能进寨只能出，
为了全寨得安宁，
莫怪我们来拦路。
请等明年二月春水暖，
你们再来接那新媳妇。

这时，客方就会这样用歌来回答：

快开路，
我们背来“大祖母”；
我们来自“弄塘客”，
翻山越岭无其数；
请来“祖母”保平安，
人畜平安村寨富。
谁要再说我是陌生人，
祖母会发怒。

主寨上的人，当然不肯轻易放过，于是唱起了盘问内容的歌：

今天你们来，过了几个寨？
过了几寨几个屯？
来到这里做什么？
来到这里找谁人？
他家屋里有什么？
莫要找错门。

客方听到盘问，就会毫不犹疑地回答：

今天我们来，经过三个寨，
走过三个寨子五个屯；
过了五个屯到这里，
为的进寨迎新人。
她家楼上纺车咿呀响，
不会找错门。

唱完盘问的歌后，主方寨上又出新题，唱起了《这路你们不能过》：

主：这路你们不能过，
要过就去过盘坡；
这条小路都是烂泥巴，
泥巴上牛的脚印多；
若是你们行蛮硬要闯，
请问你们愿意变什么？
客：老人开路为让行人过，

你们发癫要人过盘坡；
盘山的路曲折多拐弯，
连伴的人不愿那里过；
若是通情达理让我们走，
只有牛才蛮横不让人通过。

侗家人在客人离去时还要唱《出寨拦路歌》，这时的拦路，实际是侗家人的送客礼节，一般多由主方的姑娘首先唱起：

你们急着要离寨，
这是为哪样？
你们急着要回家，
这是为哪行？
难道你的妻子白天换衣服，
要你拿灯去照亮？
难道你的妻子踏着石碓在舂米，
等你回家去簸糠？
难道圈里的肥猪等你戴帽子？
难道井中的鲤鱼等你替它穿衣裳？
若不是为了这些事，
你们急着回家为哪样？

客方的小伙子们答道：

我们急着要回村，
为的是赶回寨去抢收成。
十月栽的早禾还未摘，
九月还要种花生，

八月种的南瓜未搭架，
七月种的黄瓜不知牵藤不牵藤？
一堆事情等着我们做，
再不回去就要误阳春！
误了阳春会遭别人骂懒汉，
害得我们一辈子呀打单身。

两个寨子的青年男女，通过在上述“拦路”的对歌中，有的从陌生到相识，有的由一般相识而加深了彼此的了解。此后，他们之间就可以进一步交往了。拦路的迎宾、送客礼俗是和侗族的各种社交活动联系在一起的，不是单独的活动。①

□锦屏侗族“六不”

在锦屏小江等地的侗族，还有“六不”之说，以规范人们的某些行为，维护社会秩序。

一不争路。在路上遇人不争路。让路必让出里边，让路时自己停步不动，让对方走过后才走。不管天南地北的生人，还需向过路人打招呼，表示问候。

二不收过渡钱。在小江范围内，有四个渡口，不论本乡人或江湖远客过渡，一律不收过渡费，世代相传至今。这里侗族认为，隔江千里难，水路也是路。

三不“踩生”。若哪家有小孩出生，就得留步，不忙跨进门槛，得从亲邻那里了解生下的是男孩还是女孩。若生男孩，第一个进屋的只能是女客；若生女孩，男客才能先进。否则叫“踩生”，主人就不高兴，小孩长大后会没出息。

---

① 杨国仁：《侗族的迎宾仪式——拦路》，载《黔东南社会科学》，1983 年第 3 期。

四不架筷。到侗家做客，请吃甜酒，一般只吃一碗，不再添第二碗；若吃油茶、吃饭则不认碗数。但不管吃什么东西，吃完后不能将筷子架在碗上，而应放在桌上，否则主人认为你还想吃，或对食品不满意，心里不高兴。

五不进内房。家庭主妇的卧室叫内房，男客不能随意进，特别是新媳妇的房间，除了她的丈夫外，男客不要随意进出，否则被认为不懂理，不尊重妇女。

六不剩位。在侗家做客，落座以后不能盘“二郎腿”，不能叉脚步，特别是有长辈在场时更是如此。对室内陈设不东张西望。当起座时，不能站起就走，得将自己的板凳放靠板壁，才离开座位，叫“不剩位”。走的时候一定要带上门，且不能重带。

□打标

侗族地区还有打草标的习俗，即用茅草、芒冬草或稻草等结成疙瘩、田螺或箭头等形状，用以表示特定的意思，主要起到一种警示作用。主要有山标、水标、田标、寨标等等。

山标。侗族封山育林不是以封山板示众，而是在山林的周围树枝上挂“标”，人们见了就会自觉不去砍柴、割草和放牧等。山标还可作其他用途，如砍好的柴或草，暂时不拿走，只在上面打上“标”，十天半月也不会有人拿走；找到荒地时，如暂时不开荒，打上“标”后，一般不会有人再去开荒。当然，如果占据的地方太大，且长久不去开荒，亦将受到舆论的谴责。

井标。侗族地区到处都是山泉，但有的仅供牲畜用。为了让远道来的客人辨别，就在井旁插上耳朵形的“标”，让他们不要饮用。还有的表示水井被污染，请勿饮用。

鱼标。侗族捕鱼，常在鱼群多的地方用石头堆砌起来堵鱼。为了表明此地已有主人，就插上芒冬草打的“标”，旁人见了就会自觉不在这里捕鱼和钓鱼。稻田里如养有鱼，主人就用草扎成

菜地里的草标

田螺形“标”，并插上鸡毛或鸭毛，挂在木杆上。旁人见了，就会不在这里放鸭、取水，并让田水保持在5寸以上的深度。

约标。一般为恋爱中的青年男女使用，其标形、置放的地点事先由两人商定好，旁人无从知晓，具有保密性。

警标。常打在已种庄稼的田地里，表示放牧者须管好牲畜，否则损坏庄稼，主人要登门赔礼道歉或赔偿损失。猎人在打猎时，为了不误伤他人，也常在安放猎套、药箭、药刀周围打上“标”，人们见了，就知有人在捕猎，不再进入该处。

蜡树标。侗寨发生流行性疾病，便在寨门挂蜡树枝叶，告诫人们不要进入疫区。

桥头标。意为桥已被损坏或有危险，请小心过往。

门标。意为某家人正在祭祀，或家中新添了婴儿等，请不要随意进出。

三、岁时民俗

侗族节日丰富多彩，从内容上划分，既有农事节日、祭祀节日、纪念节日，也有庆贺性节日，都具有浓郁的民族和地方特色。

生产节日

□“扫阳春”

“扫阳春”是新晃扶罗、李树等地侗族姚姓的特殊风俗。内容是除秽祛恶，祈求风调雨顺。节日的时间是每年正月十五日。在“扫阳春”这一天，侗家男女老幼从四面八方汇聚到河边，姑娘穿着鲜艳的盛装，包着挑花彩帕，撑着花伞；小伙子穿着对襟新衣，围着青布头巾。仪式开始时，由寨上主持人领着两个姚姓壮小伙，抬着一根刚砍下的竹子，连枝带叶，从寨头起向参与者横扫而去，人群则不顾一切向麦田奔跑，以免被后面追来的竹竿绊倒，抬竹竿的人奋力往前追，还大声喊着：“是非口舌”、“蛇虫蛊毒”、“乌烟瘴气”、“打牌赌博”全扫掉等语，一些年纪较大的人跟在后面沿路插上写有“风调雨顺”、“五谷丰登”、“六畜兴旺”等字样的彩色三角旗。被撵的人如谁跑不快而被绊倒，则被认为是不吉利。整个活动从寨头到寨尾，最后扫向溪边，焚香烧纸，把一切邪恶送入河中，扫入万丈深渊。

关于“扫阳春”的来历，侗族民间有这样的传说：

相传很久以前，侗族姚姓有个祖先，家里很穷，给头人当长工，那头人是个刻薄鬼，每年都要克扣工钱。有一年，长工回家过年，向头人讨工钱时，从正月初一讨到十五，一文都没有得到，长工气愤地往家走。当他走过头人的庄稼地时，看见自己种的“阳春”绿油油的，长势喜人，而自己辛辛苦苦一年却拿不到一文钱。一气之下，砍来一根竹竿，把“阳春”一阵横扫，出了一口怨气，便离开头人家到外地谋生去了。后人为了纪念这位祖先，祈求幸福，每年到正月十五这天，都举行“扫阳春”的活动。此项活动也由此演变为一项节日民俗活动。前来参加活动的青年男女在河的两岸相互对歌，互赠定情礼物，倾诉爱情。

□吃塞田坝水粑及修桥补路节

许多侗族地方在农历二月初二，家家户户都有用甜藤、野蒿菜和糯米做粑粑吃，或招待来客、分送亲友的习俗。目的是提醒人们注意塞好田坝水，为春耕做好准备。二月二是镇远等地侗族的修桥补路节，侗家人拿着粑粑和酸味冻鱼到桥上去敬桥。这天可以随意砍别人的树来架桥，别人也不会骂，若要骂，越骂就意味着砍树者越发财。

□三月三

在一些侗族地区“三月三”时，家家户户做黄草粑粑（三月粑），表示三月三后，农忙季节即将开始。这天出嫁的姑娘要回娘家走亲访友，以节日食品黄草粑粑作为节日礼物馈赠亲友，孝敬老人。镇远报京侗族这天要集中到报京大寨，唱歌、跳芦笙集会三天三夜。三月三是农忙即将到来的时候，青年男女互相用歌勉励：“三月三，工也要做，花也要采。一来做工来养老，二来采花少年玩。”

□青节

通道侗族把插秧的时节称为“青节”。这时哪家开秧门插秧，亲友都会来帮忙。“青节”开始，新婚人家还要把新媳妇接来扯秧，插完秧再回娘家。

□祭牛神

又叫“洗牛身”或“祭牛生日”。时间不一，有的在农历四月初八，有的在农历六月初六。传说这一天是牛的诞生日，哪怕农活再忙，也得让牛休息一天，喂以青草和稀饭，有的还喂黑糯米饭。放牛到河边给牛洗澡，杀鸡、杀鸭，用酒肉陈于牛圈门上，烧香焚纸祭牛神，表示对牛长年为侗家辛劳的敬谢。关于节日的来源，侗族民间有这样的传说：相传古时候，天上的贯公（天神）看到凡人很苦，于是叫天牛下凡传话：“公赐你们三日一饭而饱。”可是天牛下凡后，一路上被凡间的景色迷住了，忘乎所以，把话错传为：“公赐你们一日三餐不饱”，给人们带来了更大的苦难。贯公盛怒之下，将天牛贬下人间给人犁田。天牛负罪来到人间，勤勤恳恳为民出力，使得家家户户禾谷满仓，吃穿不愁。为了答谢牛的帮助，一些村寨把四月初八定为牛的生日或祭牛节；一些村寨则把六月初六定为祭牛节。这天要把牛牵到河边或池塘边，为其洗身，并对牛说：现在一切农活都差不多了，你就放心休息一天吧，祝你身体健康等。节日那天，家家杀鸡宰鸭，祭祀圈神，祈求保佑耕牛平安。车江一带的侗族，喂养黄牛的人家只杀鸡不杀鸭，喂养水牛的人家杀鸭不杀鸡。

□种棉花节

都柳江沿岸的侗族，四月初八这天，新郎相约自己的伙伴，带上黑糯米饭、酒肉、腌鱼、腌肉去丈母娘家种棉花，进行野餐，饭后或种完棉花的休息时间，男女青年可唱歌，谈情说爱，尽情欢乐，减轻和消除疲劳。

□杀“龙”节

流行于贵州从江县信地、增盈等侗寨，每年农历五月初五进行。当地侗族杀黄鳝过节，目的是祈求祖先的保佑，逐龙降雨，使田中秧苗有水灌溉，获得好的收成。

□吃新节

传说古时候的侗族都种糯谷，产量低，要到十月才能收割，青黄不接时间长，侗家人只得找野菜来充饥。后来有一个杨姓款首带领款民种玉米获得成功，请全寨人都来尝新。此后，大家都学会种夏粮了。为了纪念这个有意义的事件，大家决定过吃新节。由于夏粮成熟期的迟早不同，因而纪念的日期也有差异。有的地方在“六月六”，有些地方在七月十二至十五，但均选择在禾苗打苞、抽穗时的吉日举行。节日的前一天，家家都到田里捉鱼，到田地里采摘一些稻谷、玉米，煮成熟食，或与旧米一起煮，与鸡（鸭）、鱼一起先祭祀祖先，然后合家围桌而餐。祭品多以鱼为主。有些地方还举行“斗牛”活动，或举行“歌会”，并集体杀牛宴请宾客。这天，严禁妇女纺棉花，以免引来风灾，粮食减产。

□“黄节”

通道侗族把收割季节称为“黄节”，一般从农历七月十四日开始。“黄节”到来时，亲朋好友都会互相帮助收割，而主人则必须赶在收割前，准备好酒菜，招待帮忙的客人，称之为“吃羹”。

年节和娱乐性节日

□春节

受汉族影响，各地侗族也过春节，并且十分隆重。农历年底，侗族村寨一片喜气洋洋的景象，家家忙着打年粑、酿年酒、杀年猪、张贴春联、打扫卫生。侗族的“春节”和汉族一样也俗称“过年”，有大小年之分，但与汉族的小年不完全相同，汉族过小年是农历十二月二十三日，相传是敬灶神。侗族农历十二月二十九日为小年，又叫“姑婆年”，是纪念姑婆的节日，意思是祖宗各代的姐妹出嫁后，过年快结束时回家探亲团圆。这天，除过年的食品外，侗家还用几个粑粑夹着酸肉敬奉姑婆，作为“飨年”，并用甜酒祭奠，说是有的姑婆、姑母不会喝烧酒，就饮甜酒，反映了侗族人家具有尊重妇女的传统美德。

各地侗族的春节活动既有相同内容，又有地方性的特点。

三江侗族农历三十过大年，除夕当天宰猪杀鸡鸭祭祀祖先，又用酸汤煮鱼祭莫一大王。初一的清晨用烧肉和酸肉祭祖。同乐地区的杨姓侗族初一除用酸肉外，还以甜酒祭祖，到达摩娘娘庙（萨堂、圣母祠）去祭祀，同乐独峒一带的侗族放鞭炮驱逐“野鬼”。马胖一带的吴姓侗族不设祖宗神龛，除夕这天，杀猪宰鹅，首先去祭祀飞山庙杨公祠，然后祭祀土地庙和“萨坛”，最后在火塘边烧香摆饭桌吃晚饭，在饭桌前说几句请祖宗一起过大年的话。初二后，亲朋好友之间互相请吃油茶或喝酒，寨上吹芦笙，唱侗戏，进行“月也”集体交游。

榕江侗族称“春节”为“达年”，是一年中最大的节日。从农历十二月中旬就开始打年粑、酿酒、打扫卫生。喂牛的人家要为牛备足年料。农历十二月二十七、二十八日杀年猪，农历十二月三十日贴春联、门神。小伙子给未婚妻送礼，新郎迎接新娘回来共度佳节（因侗族新娘有不落夫家之俗）。除夕之夜，家家燃香点烛，摆设供品敬祭祖先。大年初一零时，鸣炮辞旧迎新。初一早上用茶水祭祖，传说此时是祖先的“斋时”，晚上才供奉酒肉。当天不往屋外倒水和垃圾，表示全年财喜不外出。初一饭菜均吃前一天做好的，意为上年剩下的，以示年年有余。除夕晚上和初一整天不请客。初二这天，寨上妇女到萨堂祭祀“萨岁”祈求保佑，兄弟请已出嫁的姐妹回来吃饭，同时亲友也可以互请。初三以后寨中开始玩龙舞狮、演侗戏、“多耶”、“行歌坐月”、芦笙会、唱大歌等，节日期间充满了欢乐气氛，直至正月十五把龙送下海，春节结束。

□过侗年

流行于榕江、通道、三江等地。内容是缅怀祖先，祭祀农耕。相传侗族祖先从远道而来，原以打猎为主，后学会开荒种田，从事农耕而获丰收，秋后举行欢庆活动，从此世代相传为侗年。也有的地方相传杨姓祖先是一位将军，因被派远征，担心在春节前不能回家团圆，族人商议，决定在他出征前提前过年。侗年的时间，不同地区不一致。榕江瑞里、本里、保里一带选在摘禾后的十月，俗称过禾蔸年（侗话“记年高棒”）。榕江往里选在农历十一月二十日后的辰、戌两日，如先遇上辰日即以辰日为年（即大年初一），卯日为年三十。如遇戌日则以戌日为年。过侗年一般为7天左右。榕江县七十二寨除过侗年外，还过春节，俗称陪年，侗语称“记年卡”，即过汉年。新年前，家家打扫房前屋后，杀年猪、打年粑等。新年期间，寨上举行大规模的踩堂对歌、跳芦笙和斗牛活动。

通道“侗年”，节日的主要内容是“吃冻”，即以吃冻鱼为主，其他美酒佳肴也应有尽有，有如过春节，所以称为过侗年。

吃冻的日期各地不同，李姓、杨姓是农历十一月十一日。相传杨姓祖先有八兄妹依次各吃一天。青年去做客可以村连村、寨连寨地吃去，一路吃鱼冻，一路唱歌。吃冻鱼也有一些禁忌。有的地方禁吃黄鳝，传说因古代侗族在迁徙中要躲避官兵，恰好官兵看黄鳝打架去了，人们才得以逃生，故把黄鳝当作救命恩人。

□茶歌节

茶歌节是青年男女欢歌聚会的节日，每年两次，流行于通道一带。一次是农历七月十五日。当黄豆、芝麻成熟时人们相互邀约聚在一起尝新，大多是农忙时相互帮过忙的人聚在一起，规模比较小。另一次是农历八月十五日，正是中秋节，规模较大，青年男子几乎全部出动，歌声通宵达旦，热闹欢快。青年男女们在茶歌节前，要去赶集买东西，准备茶歌会的月饼、瓜果之类的礼物。茶歌节晚上，青年们可以到处走村串寨，有约无约的均可以任意游逛，纵情歌唱。无论走到哪个寨子，也不管有没有认识的人，都会有姑娘接待，都会有油茶吃。

□八月八

在榕江县车江上游、从江县停侗、黎平县的水口等地较为盛行。这天，各寨集体杀牛，接待宾客，有的还举行“斗牛”活动。榕江县车江一带，新郎还给岳父送礼或订婚的青年给未婚妻送礼。晚上，青年小伙子买上鸭、肉、糖、米等到“姑娘堂”去与姑娘们“行歌坐月”，谈情说爱，共食夜宵。姑娘则拿葵花子、煮花生来招待小伙子们，一直唱歌玩乐到深夜，甚至到天亮才散。车寨则在八月十五日过此节。榕江腊酉的都江寨要过三天节。先是各姓家族吃一天，后是吴、陈、杨三姓家族联合吃一天，最后一天是各家招待亲友。相传，历史上杨、陈、吴三姓长老相邀至大溪口，杀牛盟誓结为兄弟。所以，杀牛过“八月八”

的习俗相沿至今。

宗教节日

□姑婆年

通道侗族在农历腊月二十八日要过“姑婆年”，如果腊月小只有 29 天，就提前一天过。“姑婆年”也叫做“祖宗年”，这是因为侗家人认为自己的祖先是女性。在这天，凡是出了嫁的姑娘都要回娘家和姊妹团聚，并供奉姑婆。由于祖宗姑婆是女性，有的会喝酒，有的不会喝酒，供奉时要备有烧酒、甜酒、清茶三种供品，让姑婆随意选用。

□二月二

盛行于榕江县车江一带，家家做红蛋给小孩挂戴。有的拿酒肉、红蛋去贡祭古树、井水、古石等。有些妇女因无子女或子女夭折及有女无子，或因家里灾难较多，这天他们就要去设置象征意义的“指路碑”和“架桥”给行人走。并在“桥”头或“指路碑”脚用木棒插上一只公鸡头和埋下三个红蛋，表示积了功德，以免灾消难，早生贵子。

□端午节

农历五月初五端午节，一些侗族地区称为“粽粑节”或“祖婆节”，与汉族地区的过法大致相同。节日期间，家家包粽子、杀鸡、杀鸭，门旁挂艾叶、菖蒲，房屋四周洒雄黄酒，避免毒蛇、毒虫入室内。祭祀祖先，相互请客。有些地方这天新郎给岳父送礼、男青年给未婚妻送礼。礼物包括：一只活鸭、一腿肉、一斤白糖、一斤大蒜、一挂粽子和两瓶酒。有的地方还举行“爬龙船”（赛龙舟），热闹非凡。

□社节

流行于各地侗族，是祭祀社王的节日，分春、秋二社。春社在立春后的第五个戊日。社节饮食除节日佳肴外，必须煮社饭。社饭用糯米、籼米各半，煮至半熟，拌入鲜蒿菜、葱、蒜、腊肉丁、猪油、食盐，以文火焖熟。有的地方社日这天男女老少汇集社场赛歌娱乐。相传侗家人历史上大多缺粮，春社后进入春荒阶段，社饭拌蒿菜，有以瓜菜度荒的意思。现在做社饭则是作为一种美食，仍保持传统的制作方法，但作料增多，如拌以油炸豆腐丁、炒黄豆、炒花生、香葱等，更为可口。迁入侗族地区的汉族也多受侗族习俗影响。

纪念性节日

□祭峒王

农历三月初三是祭祀供奉在当地飞山庙的峒王杨再思的日子。相传杨再思当过诚州（靖州）刺史，掌管十峒，俗称峒王或飞山令公。今飞山庙遍布侗族地区，都在农历三月初三举行祭祀活动。此外，侗族人民也在农历六月初六到飞山庙祭祀，民间相传六月初六杨再思大破飞山；或说这天是杨再思的忌日；也有说这天是飞山被官兵攻破，杨再思逃离飞山的日子。

□合鼎罐

通道侗族认祖归宗的纪念性节日。通道侗族中有一些族姓，凡分居在各地的子孙，都要在每年的农历十一月派代表到祖居地聚会，称为“认祖宗”。每一个代表都要带上原始的信物，有的是鼎罐破片，有的是竹筒破片。相传侗族祖先在迁徙离散时，打烂一口鼎罐，有的是破开一个竹筒，各持一片逃生。为追宗认祖，分散到各处的同宗子孙们，便带着所持的破片作为信物来合鼎罐或合竹筒相认相聚。至今，侗族中还保留着一句习惯语，见了同姓，先问一句："你是哪个鼎罐的？"

□乌饭节

农历四月初八是侗族的乌饭节，流行于大多数侗族地区。乌饭节在许多地方被认为是杨姓的姑娘节。这天，侗家人要蒸黑糯米饭吃。相传这一节日是为了纪念古代一位女英雄宜娘。靖州飞山脚下至今还有宜娘城、宜娘坟等遗迹。宜娘的哥哥因反官府被捉，关在柳州城，宜娘前去探监，问哥哥从前的勇力还在不在，哥哥答道："在牢里没有吃过一顿饱饭，没有力气可使。"宜娘心生一计，回家蒸了三斗六升乌糯米饭送去。她哥哥吃了三斗六升乌糯饭，浑身有了力气，便挣脱了枷锁，宜娘又取出藏在饭箩中的柳叶刀，兄妹两人杀出了监牢，逃出了柳州。后来民间受《杨家将演义》一书的影响，把宜娘说成是杨八妹，于是她哥哥就成了杨文广。节日这天，凡是杨家出嫁的姑娘都要回娘家过乌饭节，而且姑娘们都要讲和平时不一样的话，叫做"姑娘话"。

□大戊梁歌会

大戊梁在通道县大高坪乡地了和黄柏两村的交界处的蒙冲界上。农历三月的大戊日，湘、黔、桂三省区临近的侗、汉、苗、瑶等民族数千人云集在这里开展对歌、斗鸟等活动。这是为纪念一对殉情的侗族情侣而举办的。传说古州（榕江）的侗族青年闷龙因家境贫穷，来到通道牙屯堡肖家（后改姓吴）种田，与肖家的女儿相爱了，两人经常在大戊梁上对歌。他们相爱的事被肖家知道后，闷龙被肖家父亲赶回了古州。从此两地分离，相见无期。正当闷龙苦苦相思之际，肖女托人带来了一个布包，闷龙打开一看，只见两颗火炭、一团棉纱、一只小虾、一只大虾，还有几粒芝麻、几颗黄豆。闷龙不明其意，去问歌师。歌师看后，叫闷龙准备一担干柴到鼓楼烧火。晚饭后，寨上的男女老少都到鼓楼听歌师解迷。歌师手抱琵琶，拨响琴弦，拿起棉纱、火炭唱道："结情路远常思念，思绪绵绵心烦乱。从前小虾变大虾，心想跟哥共江河。从前说过，现在还是那句话，要圆如黄豆，不要像芝麻。"

歌师点破之后，闷龙十分高兴，立即赶到牙团堡肖家定情结亲，可肖父嫌贫爱富一口拒绝。肖女不顾父母反对，同闷龙私奔而去，他们在渡牙团堡河时，遇山洪暴发，双双遇难，化成两座相互依偎的石山屹立在河的中央。为纪念这对殉情的青年，人们就在农历三月大戊日聚集到他们对歌的大戊梁会歌，相沿成俗。

□林王节

流行于锦屏县寨母等处的节日。相传明洪武三十年（1379），林宽领导侗族农民反对官府的掠夺和压迫，发动起义。起义军常常以粽粑作干粮，因此，以后每年的农历六月的第一个卯日，家家户户都要做一粗如碗口、长似手臂的大粽粑，并带着酒肉，到林宽栽的枫树下举行祭奠仪式聚餐，唱《林王古歌》，以示纪念，并沿袭成俗变为节日。

四、人生礼仪

生命的轮回是一个奇妙的过程，生带给人们以喜悦，死带给人们以忧伤，婚姻的缔结带来人生角色新的开端，在一个个祈盼与凄迷中，一代一代人生息繁衍，也演绎了一幕幕别具一格的人生礼仪。

生育礼仪

□求子与孕育

结婚生子，在侗族看来是人生极其自然的事，如果婚后一段时间没有孕育的迹象或没有生育男孩，就要到主掌生育的神灵处祈求、拜祭，如过去新晃有舞龙灯求嗣、祈祷龙王送子之俗。榕江侗族则多在二月初二选择一小溪或小沟架设便桥供人行走，或在岔路口安块指路牌为陌生人行路提供方便，以此广积阴德，祈求多子多福或使小孩长命富贵，易养成人。有的侗族地区在久婚不孕架桥索子时，多用染成红色的鸭蛋一个、公鸡头一只、针一枚、红绿色丝线若干根装入陶罐内，封好罐口，另备红蛋、猪肉、公鸡、糯米饭、米酒等品，摆在桥头，祭桥求子。尔后将陶罐埋入桥端，当事者各拿一红蛋，男方从现场牵一引线，长短不拘，一直牵完为止。返家后，用红布把两人拿的红蛋包好，放在床头，伴之入眠，谓之孵或抱，经三夜后食之。以此认为可怀孕生子、传宗接代。居住在三江独峒乡一些村寨的侗族人，有一种叫“月愿”的求育法，村寨里久婚未育的妇女，在“月愿”仪式过程中，到神坛前许愿，祈求“姜良”、“姜妹”、“花林四婆”赐予子女。许愿之后，祭师在她们身上撒些纸花，以示生儿育女。求育妇女将这些纸花带回家中，撒在床上，据说便可怀孕生子。①现在除了做一些民间活动外，人们则多去医院寻求帮助。而对于新生命的到来，无论是家人还是亲朋乡邻都给予了尽可能的关照。

背孩子的黎平肇兴老人

妇女怀孕后，一般不再从事较繁重的劳动生产，仅力所能及地做些家务和轻微的田间地头劳动，家人在生活上也给予适当的照顾。由于过去侗族曾有“不落夫家”的习俗，当女子怀孕后才正式定居夫家，并从此不再参加“行歌坐月”的活动，因此，女子的孕育既是夫家大事，也是娘家大事。这时，娘家才认真准备起嫁妆，夫家才认真布置新居。女方一旦怀孕，男方即担着礼物派人去岳母家接妻子，女方家也以相同的人数相送。侗族把怀孕

① 吴浩主编：《中国侗族村寨文化》，第174页，民族出版社，2004年版。

的女子送回夫家叫“还田”，有的还举行隆重的仪式。在湖南通道下乡、菁无洲、地连一带，女方怀孕后，要举行“收心礼”仪式，意思是告诉女子，今后要把心收回在丈夫身上，姑娘时代已经结束了。其后由男方家办酒席，宴请女方的母亲、伯母、婶婶、嫂子等，并替嫁女“梳髻”。在当地，一般未婚姑娘都梳双髻，插上两根又长又宽的银簪，婚后未孕仍与姑娘同样梳双髻，有孕在身则梳单髻，表示与姑娘时代告别。由于居住的地区不同，以及受周围民族影响程度不一，分布在各地的侗族生育习俗也表现出差异性。

□接生

十月怀胎，一朝分娩。侗族妇女多在家中生产，民间没有专门的接生婆，一般由上了年纪且有生育经验、手脚灵巧而乐于助人，家中没有什么病痛之人、又有儿有女的有福之妇女接生，这些人有的还懂得一点儿草医。侗族人切忌男人接生。榕江侗族妇女生育呈蹲式。接生婆所用器具十分简单，一把用于割断脐带的剪刀或一个洗净的蚌壳。居住在榕江、黎平一些地方的侗族，当婴儿胎盘下地后，接生婆即用事先准备好的烂黄泥将其包裹，放在主家房子中柱脚旁，堆成一个小土包。第一胎生的胎盘堆在房子的中柱脚边，以后每生一胎就往后依次堆放。其意是说胎儿的“房子”在家中，他的灵魂就不到处游动，今后他的身体也会健康，少生疾病。还有的是将胎盘埋在后屋的门背后或后园子里。从生育到满月，锦屏等地的侗族还禁忌在房前屋后拆旧装新、挖补。

居住在通道等地的侗族，婴儿出生后，需用一种名叫花林树的皮染制黄色衣服给婴儿穿，据说初生婴儿来自清水、浊水共一条河的雁鹅村，婴儿投阳换去红衣（血衣）穿黄衣（雁鹅幼时黄绒毛色）。不少地区的侗族在婴儿出生后，喜将婴儿用自织的家机布包裹起来，外面再用稻草捆上三道，一般3—5天。据说月子里不包手脚的孩子，长大后手脚不干净，爱偷窃。民间骂那些多手多脚者，就是月子里不捆手脚的缘故。

□踩生

侗族人家妇女生小孩后，第一个进屋的客人，叫“踩生”。一般产妇家忌生人进门，故有的在产房门窗前挂草标或橙子叶避邪并禁止生人入户，橙叶还有祝福新生儿吉祥、易养成人之意。门窗所挂东西，也是生男或生女的标志，如吊放一字形辣椒是为男孩的标志；吊十字形草标放鸡蛋壳是为女孩的标志。从江的侗族则是在门上挂禾草，生男孩草上系3—5个红辣椒，生女孩草上系宽约5寸的青布条。若不慎进了产妇家，一般妇女不太受欢迎，如是有儿有女、有吃有穿、聪明健壮或有公职者则受欢迎，往往受到主家的热情招待。为避免不慎的“踩生”，有些地方还特意请来“踩生”人，若是男孩，就请男客；若是女孩，则请女客。不过，也有相反的，生女请男客，生男请女客。有的地方，三天之内，新生婴儿的父亲不能随意到别人家去，甚至别人家的屋檐下也不能走过。

□报生

婴儿出生的第二天，主家要派专人到外公外婆家报生。榕江等地的侗族报生者只需带一只大公鸡，因为公鸡吃米头朝地，鸣叫时头朝天，司晨司暮，掌管一天的十二时辰，带它去报信，表示慎重、准确、无戏言；而通道侗族报生时，若生男则带一只公鸡，生女则带一只母鸡，外家一看，就知道女儿生了什么。同时，外家也回赠一只鸡，这只鸡待到婴儿满周岁时才宰杀；锦屏一带的侗族是在婴儿出生十天后才报生。届时，主家派一老人携带鸡（生男带公鸡，生女带母鸡，双生则两只）、酒、糍粑（或糯米饭）等礼物到外家报喜，外家婆把带来的糍粑或糯米饭分发给其房族，并定下到姑娘家办“弥月”的日子。之后，外家按来公鸡还母鸡、来母鸡还公鸡的规矩送一只鸡给报喜人带回。

□打三朝

侗族生育习俗中，最注重的就是“打三朝”，即在婴儿出生三天后举行的一个庆贺仪式，其目的一是对新生儿表示祝福，二是获得社会的认同。“三朝”有大办和小办。大办一般是生头胎或一连生了几胎女孩后生了男孩时才进行。届时，要杀猪宰鸡，大宴宾客；小办只是简单请几个至亲即可。“打三朝”那天，在榕江三宝一带，婴儿家所在寨上的妇女们相约赶制“花项链”赠给前来参加庆贺的主家亲朋好友。“花项链”用炸米花、木通芯、麻栗子或其他野果子等染成五色，然后用纱线把它们分别串成条状作礼物。清晨，主家要请族中两名老妇为婴儿洗身换衣，抱到产房外，然后在堂屋设案备酒礼祭祀祖先、天地，祈求得到它们的保佑，祝福婴儿健康成长，一世平安。午时以后，宾客们三五成群陆续而至，一般以妇女居多。她们随身带着鸡蛋、米、现金、鸡、小衣服、侗布等礼物来到婴儿家。主人家这时也已派专人恭候在门外迎接，将早已准备好的花生、瓜子、糖果等食品端来待客。入席之后，主客互敬酒菜，酒兴正酣之时，主家便用早已准备好的“花项链”给客人戴上，给她们分发3—5个红鸡蛋，还在年轻的客人脸上抹红，在年纪较大的客人脸上抹黑锅烟，气氛十分热烈。酒足饭饱之后，大家开始给婴儿唱祝福歌，盛赞小宝宝聪明能干，祝愿孩子茁壮成长。有的还乘机玩笑式地给自家孩子定“娃娃亲”。在座的一些老人有的还念许多祝词，如有的祝词这样念道：

……

主家新添娃崽多欢乐，
就像得了龙王口含珠一颗；
日后长大必定有福分，
笋子高过竹，人人夸他有才学。
这边他会叫奶奶，
那边他会叫外婆；
走到上寨喊舅舅，
去到下寨喊伯伯；
隔着田埂他见老人笑嘻嘻，
共山共水他遇伙伴乐呵呵；
众人夸他懂礼仪，
头脑聪明人灵活。

十三岁时进到县城，
十五岁时就读孔学，
像客家（指汉族）一样的聪明，
大字小字写得洒脱。
文章写得有情有理，
题词如同星光闪烁。
若考榜眼他不费难，
就考状元也有把握。
迎才子每寨三声铁炮响，
为放炮一天用去几斤火药。
三十支箫笛常为他奏乐……
主家父母今日虽然辛苦，
老来一定会得安乐。
嘀哟——

但愿我们这番吉利话，
在主家生根开花结果。[①]

在锦屏，“打三朝”这天，外婆家挑着甜酒、鸡、鸡蛋、小衣服、布料等也前来祝贺，外婆还亲手送来银帽、银手圈、花背带（将小孩背在后背的一种特制的宽带子）以及草药（如枫叶、四眼草、斑鸠窝等）熬水给婴儿洗澡，以防疱疮，祈求无病无灾。

黎平等地的侗族在“三朝酒宴”前，还要举行一个仪式：主人在堂屋摆上一条长凳，一头朝大门，一头朝里屋。凳上铺着新的蛋浆侗布。新生儿的父亲站在长凳靠里一头，鬼师和其他人分站两边，让两旁的人一个接一个象征性地抱婴儿从布上走过，边走边说些称赞他如何如何健壮之类的话，然后交给他父亲。其意是使婴儿的成长像布和蛋一样光滑顺利，道路平坦。靖州侗族“三朝酒”也叫“吃肉串”或“庆三天”。办“三朝酒”时，主家邀请房族帮忙杀猪、宰羊，然后将猪肉、羊肉、腌鱼等切成大片，用竹片穿成串，每串约三四两，一户一串。一般以第一胎最隆重，外婆家要送重礼。

新晃一带的侗族家中有新生儿时，婆婆要在寨上挨家报信，邀请第三天早晨到家中坐坐，实为“打三朝”。届时，各家都派一名妇女拿几个鸡蛋或一两碗米去祝贺。主人家先用甜酒酬谢，而后做早饭招待，其意是让全寨对婴儿日后的成长多加关照。

通道一带侗族在婴儿“三朝”时，还有一种奇异的外婆送背带习俗。这种背带大都用彩色丝线织绣，宽约四五寸。外婆送背带给外孙这天有一场“戏弄外婆”的过程。届时，女婿村寨中，

① 吴定国：《贵州黎平“天府”侗族生育习俗》，见罗廷华、王胜先主编：《侗族历史文化习俗》，贵州人民出版社，1989年版。

从寨门到女婿家门全都紧闭，只有外婆用动听的歌声才能唱开寨门和家门。外婆为了在众人面前不出丑，在送背带之前就加紧编词练歌，直到满意为止，才去送背带，同时还要带一篮鲜鸡蛋以示祝贺。当外婆转回家时，婴儿的祖母要找件破衣服给外婆穿上，用蚌壳当酒杯，用猪牛粪当礼包，再找一顶烂斗笠戴在外婆头上，然后用牛粪抛在外婆脚上，一直赶出寨外。

□坐月

妇女生育后一般要休息一个月，俗称“坐月”。月内产妇不干重活，三天后仅做些家务活，多食鸡、蛋、肉，少食辛辣之物，忌食螃蟹、兔肉、煳饭等。未满月时，不能外出串门，不能攀援高物，要穿戴宽松的衣物，头包帕，穿鞋袜。榕江侗族产妇坐月时，还忌吃油腻之物，极少吃肥肉，做菜的盐需先炒后方可食用，鸡蛋只能一个一个煮吃，忌吃荷包蛋和炒鸡蛋，不吃酱油。

□满月

在榕江侗族地区，婴儿满月一般不请酒。满月这天，婴儿由母亲或小姑背着，如有姐姐亦可由姐姐背，在奶奶和房族中几位女性长辈的陪同下，挑着红糯米饭、鸡、鸭、猪肉等物到外婆家出月开忌。小孩胸前往往挂着用“蛋套”网住的红蛋，以此防鬼怪袭击，一路平安。到外婆家后，由外公或舅舅亲自给婴儿剃头(只剃三刀，表示今后剃头可不再选日子)，同时设宴请族中女性长辈前来陪伴，祝贺母子平安。外孙返家，外公外婆都要馈赠一些礼物作纪念。新中国成立前，富裕人家则要给男外孙馈赠一头大水牛牯；给外孙女赠一块田，此田男家只有耕种权，其所有权属婴儿或母亲，故民间有“姑在姑吃，姑不在退回”之说。现在多送煮熟的红鸡蛋、衣物、背带、现金、银饰等。有的地方还将带回的红鸡蛋切成片，送给村里的人，一人一片，表示小孩长大后能和他们团结友爱，共吃共玩。新晃侗族在婴儿满月这天要由祖母（如祖母已故，可由祖父或父亲代替）背着小孙子在院中一边走一边敲着“响篙”（一种翻晒粮食时，吓赶禽雀的竹制器具），称为“撵麻雀”，意为锻炼小孩的胆量。

侗族民间结亲寨之间的同辈人极喜相互玩笑、戏谑。有的在办满月酒这天，婴儿父亲家一方亲友乘外公高兴将其灌醉，以示对他的尊重和祝贺。酒至半酣，父家这边人提出要外公送点儿东西给外孙，兴奋中的外公欣然答应，并把钥匙交给他们说，家里有什么东西尽管拿走。于是，父方一帮人得话后就到外公家去取东西，有的从圈里赶猪赶牛，有的从禾仓里取禾谷，还有的从田里放水捉鱼。所得东西，用长长的杉木棍抬着走寨穿巷，以示外公家富有、大方。当然，这只是玩笑，人们并不是真的要将这些东西全部拿走。而有的外公如真的很困难，就事先做好准备，在畜禽厩里和田头打上草标，拿东西的人一看就知如何，便将猪、牛放掉，象征性拿点东西就回去了。

锦屏的侗族则在约定好的日子，婆家邀约房族妇女持礼到姑娘家祝贺。届时，要带上糯米、鸡、鸡蛋、布料、甜酒、红糖、背带、包被、衣服、鞋袜帽等，主家则组织自家房族妇女接待。席间，外婆受到格外尊重，主人及众客均向她敬酒、唱歌，祝贺她有好福气，养了一个好女儿，并祝愿她长命百岁等吉祥话。

在榕江车江等地，若是认亲的满月酒，其场面更为热闹。当婴儿满月这天，男家房族妇女们抬着鸡、肉、蛋、糖、米等礼物（上面还覆以红条幅）浩浩荡荡地来到婴儿外婆家认亲、做满月酒。一来是男家赔罪；二来表示娘家已认可了这门亲事，喜酒与满月酒一同举办；三来为外孙子或外孙女祝福。届时，外家要放鞭炮，大宴宾客，宾主尽欢。从此，亲戚之间就正常相互走动了。

□取名

侗族婴儿出生三天后，一般由家族中年长者取名，或在“打三朝”时由外公或外婆取乳名，还有的是由姨妈取乳名。在黎平等地，取名由鬼师主持。鬼师念词后先由外公开始赐名，每封一个名字，鬼师即打一卦。如果是顺卦，则表示小婴儿和祖宗都同意这个名字；如不是顺卦，再依次往下由族中其他长辈取，直到是顺卦为止。得名之后，众人饮酒庆贺，赐名者还受主家三杯谢酒。然后就用银子“压名”，压名也由外公开始，后面的人看他压的分量大小，再决定自己压多少。压名之意为新生儿名重如山，永葆昌盛。如有人在外公压名之前下银，或者下的银比外公多，则被视为狂妄和不懂礼貌、规矩。①

在锦屏，孩子取名时，慎重者还将其“八字”请命理先生推算，根据命中所犯或所欠，便从有金、木、水、火、土等意义的字中选择作名和字，以补所欠和解所犯。有的为使孩子免受病灾，故意给其取“叫化”、“猫”、“狗”等听起来很“贱”的乳名，以求如猫、狗一样好喂养。

□周岁

小孩满周岁，有的地方不请酒，有的地方仅叫些至亲，有的地方还行“抓周”。居住在通道等地的侗族，在孩子满周岁时要请外公剃头、“开脸”（防长大后眼浅）、“开荤”（忌用麻雀肉，防孩子长大后像麻雀一样多嘴）、“试盘”（即“抓周”）。“试盘”时在一个大木盘或簸箕上摆放书本、尺子、算盘、食品、玩具等，视孩子所抓东西预测其今后的前程、性格、爱好等。新晃侗

---

① 吴定国：《贵州黎平“天府”侗族生育习俗》，见罗廷华、王胜先主编：《侗族历史文化习俗》，贵州人民出版社，1989 年版。

族在小孩周岁时，也有“剃头”、“开荤”、“抓周”之说。剃发时，要在后脑或头顶“气门”上留一块头发，有“不忘母舅”、保护气门之意；开荤是将一条小鱼和小块猪肉蒸熟，喂少许给小孩吃，意为从此有“口福”。剑河一带侗族婴儿的开荤一般是男婴满四个月、女婴满六个月后方可，故民间有“男开四季，女开六春”之说。不设专门的开荤酒席，一般在本家或别家办红喜筵席上或逢年过节有丰盛的荤菜时进行。届时，选一位有吃有穿的“福人”，用酒席上的肉食抹一下婴儿的嘴唇，此后即可吃肉类的食品了。

□育养

侗族孩子的育养一般讲求顺其自然。从江等地的侗族在孩子出生后，往往栽上一些杉树，一方面祝愿孩子像杉树一样茁壮成长；另一方面则是为孩子今后的婚嫁做好准备，此即侗族地区著名的速生树“十八年杉”。孩子出生后如多病多灾，有的就栽种树木，以求消灾；有的则拜干爹干妈（需有儿有女者），以祈分其福分；还有的寄拜给亲友做寄子，托其帮养一段时间，以求富贵和健康；还有的给孩子戴上“长命锁”，或戴个长命耳坠，意为将孩子牢牢锁住、拴住，保其长命富贵，易养成人；孪生子凡有一个夭折后，父母必须给仍活着的那个栽一棵常青树，代夭折者陪伴存活者，否则认为存活者亦多病多灾，甚至会夭折。还有的请先生根据其生辰八字，推算崇拜对象。缺木者拜常年葱绿的大古树，缺水者拜水井为保爷，其意是让小孩像大树一样挺拔高大，像水井水一样永流不竭，长命百岁。还有选择岩石为保爷的，必挑高大雄伟的生岩，意为像岩石那样根基稳固，不遭病灾。拜树、拜井、拜岩，多在二月初二，或在二月初二进行祭献。

在许多地区，侗族还相信孩子生病或受惊吓是其灵魂不附身之故，即掉魂，所以早晚常到屋外招魂，有的于门屋后招魂。锦屏九寨侗族念道：来呀，崽的魂。你在树脚花下，屋边仓脚，山上水边，田里地头，东西南北，快快归来啊。父母在家，哥姐在屋，弟妹在旁，都在等盼你，想你念你，请你快快归来，归来同在，回来同吃。来呀，崽的魂。还有的认为幼儿食欲不振、面黄肌瘦，亦是“失魂”所致。届时带上纸钱、米、蛋等物到村外祭献，焚化纸钱，呼魂归来。在孩子成长的过程中，侗族人十分重视对孩子的道德、礼貌教育和性别教育。孩子刚学会认人，就要教他（她）喊老人，尊敬老人；稍懂事，要行拜见外公外婆礼，接受他们的训导。锦屏九寨的侗族，大年初一凌晨，少年儿童们要给各家老人贺新年，说吉利话，如“上新年，老人家添福添寿”、“上新年，老人家万寿无疆，全家发财”、“老人家福寿绵长，守子守孙”等，以示对老人的敬重。平时吃饭，也都要先请老人动筷。路遇寨人，要根据年龄、性别及与自己的关系勤喊人；饭桌上要讲规矩，老人先吃，家中有客人，不要上桌等等。

作为女孩子，从小要勤于做家务，如煮饭、打扫屋子、打猪草、喂猪鸡、带弟妹、做女工等；男孩则要砍柴、劈柴、放牛等。过去锦屏许多地方的侗族女孩还有绣眉的习俗，一般是在青春期，一生只绣一次。绣眉时，对男孩要保密，在一位大姐姐的指导下进行。先用火炉灰擦眉毛（经火炉灰擦抹处理后，被拔掉的眉毛不再生长），然后再用麻线夹拔不规则的部分，使留下的眉形符合要求。一般而言，侗族讲究细眉，眉形有弯月形、镰刀形、柳叶形等，其长度、弯度，往往视脸形而定。在北部侗族地区，男孩还有滚烂泥巴田（或称滚泥田、打泥田）的习俗。男孩从出生到 15 岁要滚三次泥田。一次是在 5 岁，由母亲送到田头，对岸是父亲接过，表示在母亲那里学到了善良，现在要跟父亲去学勤劳；第二次是在 10 岁，父亲送到田头，公公在对岸接，表示男孩从父亲那里学到了勤劳，现在要跟公公去学忍耐；第三次是在15岁，由公公送到田头，对岸是空旷的田野，表示已在公公那里学会了忍耐，现在要独立闯社会，品尝人生的艰辛。此举有行“成年礼”之意。在锦屏、天柱、玉屏等的侗族，男孩们则打泥巴仗。届时，寨上的男孩们找一丘烂泥田，邀约邻寨男孩在一起打烂泥巴，有的地方大人也来帮忙。大家都非常尽兴地打泥巴，甚至打出了血，还被视为“开门红”，大家都很高兴，认为来年会五谷丰登、六畜兴旺。如果打得鼻青脸肿，而又不出血，身上泥也少，则认为是不祥之兆。在侗族人看来，只有经过滚泥田、打泥仗，才懂得种田的艰辛与成长的艰辛，才会学习勤劳和忍耐。

婚姻礼仪

侗族婚姻实行一夫一妻制。一般男女在十四五岁，便开始参加社交活动。婚姻的缔结，大都由父母包办，讲究门当户对，如锦屏瑶光等地有“斗米配斗米，斤盐结斤盐”的谣谚。经过自由恋爱，由父母主持的婚姻，在侗族地区也不鲜见。双方情投意合而家人不同意者，则行逃婚或拐婚，有的地方叫“抢婚”、“私奔”(相沓）等，它们均属于不光彩（“不通光”）的偷婚(“买偷”)。逃婚多为双方家长不同意，或父母将儿女的婚配另有所指，青年男女不同意，又无法解决，只好约定时间双双逃走，躲藏在亲戚朋友家。经过一段时间后，再请好友到家中疏通，如家人同意，才双双回到男家；如不同意，也有远走他乡异地的。而拐婚多见于女方家不同意。“拐”时，一般男子与女子约好吉时，然后将姑娘“拐”至家中或放在亲朋好友家，之后再请人到女方家说情撮合。如女方家认可，男方家即备礼物到女家道歉，并定下娶亲的日子，一般由男家准备酒菜抬到女方家招待其亲朋好友，表示赔礼道歉，侗语叫“蓄纳”，意为“洗脸”；如女方家不同意，男女双方只好私自结亲，待以后有机会再到女方家“认亲”。

□通婚范围

侗族一般实行民族内婚，家族、房族外婚。古代有同姓同寨不婚的习俗，民间流传说：“三十天路程是姑娘嫁出去的去处，四十天路程是罗汉（小伙子）娶妻的地方。”远娶远嫁，给青年男女的婚姻带来许多不便。在《破姓开亲》的古歌里叙述了一个名叫妹道的姑娘，嫁到很远的地方去，当她回娘家探亲时，不仅自备的食物全部霉变生蛆，更令人心痛的是在途中被蛇妖强劫为妻，后多亏乡亲们营救才幸免于难。这种习俗渐渐激起了侗族人的不满。于是，清乾隆年间在月寨召开了九十九款大会，商议婚俗的改革，决定破姓开亲。从此，姑娘不用远嫁，男子不再远娶。《破姓开亲》唱道：

从前三十天路程是姑娘寨，
七千里以外才能嫁姑娘，
早上回不到外婆屋，
晚上转不回丈夫乡。
因为路远走亲不方便，
财礼送多送少都不讲，
上寨五两银子就能当礼信，
下寨一两贰银子也可结成亲一堂。
……
左商量，右商量，
前细思，后细想，
懒宋他提出破旧礼俗把亲结，

懒淆他提出破姓也可把亲讲；

松罗他提议本寨可把本寨要，

松杨提议“纳腼”（姑娘）可嫁本地方。[①]

侗款中破姓结亲的款词也讲道：“……男的娶妻，要到独坡八寨；女的嫁夫，送到上元潘老；男的怕路长道远，女的难翻山爬坡；山隔九重，来来去去也担心；王家破姓娶姑婆，杨家破姓娶姨妹；吴姓娶吴女，杨姓嫁杨姓，陈郎陈家婿，分家可结亲……”

破姓开亲后，侗族的通婚范围大大缩小，青年男女不仅可以在附近村寨嫁娶，也可以在本寨嫁娶。过去榕江一带侗族还有所谓“居大寨为爷头，小寨为侗崽”之别，“婚姻各分寨类，若小寨私与大寨结婚，谓之犯上，各大寨知之，则聚党类尽夺其产或伤命。”[②] 即通婚以大寨、小寨划分，在侗族地区实属少见。不过，这一现象现已不复存在。在多数侗族地区，择偶亦不避同姓，只要不属于同一房族均可结亲。但严禁姨表兄弟姐妹婚配，因为姨表兄妹被视同亲兄弟姐妹。

在侗族地区，曾盛行过“姑舅表婚”。史载：“姑之女必适舅之子，聘礼不能措，则取偿于子孙，倘外氏无相当子孙抑或无子，姑有女必重赂于舅，谓之外甥钱，其女方许配，若无钱贿赂于舅者，终生不敢嫁也。”又有“姑家养女，定为舅媳”、“姑家养女，非有行妹，舅家估要”、“否则争，甚仇杀”之记载。俗语“树最高的是杉，人最大的是舅”，说的也是此。在古老的款词中，还这样说道：“你是我姑表血亲，娶你不能有怨言，娶你没

① 黔东南州文化局编：《民间文学资料集》第1集，第75—77页。

② 转引自张民：《侗族婚姻家庭》，见严汝娴主编：《中国少数民族婚姻家庭》，中国妇女出版社，1986年版。

有身价钱。我们不要，别人才能娶到你，我们剩下，你才能成别人妻。表哥断腿断脚你要嫁，表弟眼瞎耳聋你要依。上天，我们用竹竿来戳；下地，我们用锄头来挖。”对不行“姑舅表婚”所带来的后果则言：“堵住池塘，鱼不出走”；“堵住田口，水不外流”；“强客进村，引外人进寨，田里无收成，山上没出宝；团寨冷淡，家业萧条；老人不喜欢，年轻心不宁；侗变不成汉，马变不成牛；做家业不富，养猪羊不长；浸米不发，种茶也不成。方方无计，事事无成。一怪天地，二怪年成，准是丢了祖宗规矩，搞烂乡村！”按其俗，姑家之女，只要年龄相适，必有一女嫁给舅家之子为妻，即使外嫁，也要在事前征得舅家同意，而且在结婚之时，甥女和甥女婿家要分别以上宾礼宴请舅家，表示“娘亲舅大”，否则将会引起舅家不满。同时，还要由甥女婿给表兄弟送一定的礼物，或一只公鸭，或一尾鱼、两斤肉和一升糯米不等，有的则要给舅舅一笔钱（100—200元不等）作为赔偿，榕江侗族称之为“苟优多标”，锦屏九寨等地称为“舅公礼”或“背带钱”、“外甥钱”等。还有的地方除了履行这一礼俗外，在表姊妹举行婚礼之后，“不落夫家”期间，表兄弟还可率领同房族兄弟和邻居亲友，到姑家与表姊妹及其同伴唱歌作乐，令其招待，赠送礼物，常常通宵达旦，侗族称之为“记苟嫩”或“记苟优”，意为“吃黑米饭”或“吃篮子饭”、“吃鸭头”，表示从今以后，中断彼此间的世袭联姻陈规。在一些地方，由于“舅公礼”等酬金索要较多，致使“富者售尽家业”，“贫者绝灭香烟”。而有的舅家即使娶姑家女，行聘礼时，婚前一半，另一半待到女子到舅家生子坐定后方付清。在这种婚制下，婚龄悬殊的现象也存在，“丈夫之子方结髫龄之女孩，总角之童必娶华发之老妪”。锦屏九寨等地至今仍有“十八姑娘三岁郎，共盆洗脚抱上床；晚上要我脱衣睡，早起要我背下床”的歌谣。年龄、情感的差异，加上钱物的纠缠，姑舅两家常常纠纷不断，打屋拆宇、损财伤人的事时有发生，使得内怨外旷，而要求改革此俗的呼声自清代以来，在不少地区一直未断过。在一些地区，还出现了“抢鸡头”以解决“女不还舅家”的习俗。如果哪家姑娘不愿嫁到舅家为媳，便可由姑娘的父母出面，抬出家里最好的米酒，摆上糯米粑粑，把娘舅两寨最受尊敬的长者请来，在女方寨子的鼓楼坪或芦笙堂摆开阵势，由姑娘担着或举着一只大活公鸡，等着舅家表兄弟和其他想娶她的男青年用嘴将鸡头咬下，或咬出血、咬死，谁做到这一点，谁就可以娶这位姑娘。现在，这种习俗在许多地方已消失，有的也正在淡化中。

除了遵守传统的通婚范围外，侗族人在择偶时对个人的素质、家庭经济状况、家庭背景、居住地、社会关系、年龄等方面也十分重视。在一些侗族地区，通婚上还讲究所谓“根骨”，即“知根知底”。所谓的“根骨”正，是指祖上没有留下话柄，或血统上没有外来因素或疾病等。如在榕江三宝地区，人们还往往排斥三种人：一种叫“笨腊随”，即“蛇种”。说其人常有蛇追随踪迹，在其一生中须毒害一命，否则自衰败灭，永世不昌。又说其毒药以蛇唾晒干，施于食中，中者腹生幼蛇，久而久之，自丧其命。二种叫“笨要棍”，即鬼魂种之奶奶，有的译为“酿鬼”。这种人附有“鬼魂”，无影无踪，随其所思而其魂乃袭于人。逢者肠绞肚痛，捧腹叫喊。甚至鸡禽遇之，亦可遭到其害。三种叫“笨要疙”，即疙种之奶奶。与前者相同，中者周身发痒，皮起疙瘩，坐卧不安。人称此三种人传女不传男，且长得高大美貌。知者不娶，故常外嫁他村他乡，有的则终身不嫁。[①] 同时，对于外来户，侗族人一般也不嫁娶。人们认为这种人来历不清，怕“根骨”不好，祸及后世，子孙不昌。一般来说，男家择媳，除了女

---

① 张民：《榕江县三宝侗族婚姻调查》，载《贵州民族调查》之四，内部资料，贵州省民族研究学会、贵州省民族研究所编，1986 年 8 月。

家“根骨”好外，还要看该女子是否能干，如农活、纺织、绣花、操持家务是否在行，人是否善良，是否会待人接物等。女家嫁女，除要看男家的背景外，还要看该男子是否擅长犁田耙地、是否有不良嗜好等。如果能歌善唱，也往往成为择偶的重要参考因素。

侗族传统的通婚范围基本以本村寨为主，兼及邻近几个村寨，如贵州从江平江婚姻缔结的范围是“以八吉为上盖，以苏洞寨为下底”，只限在30公里左右的沿岸侗寨进行婚嫁。[①] 这一习俗的形成，一是对“根骨”的认识，人们害怕由于对外界的不了解，引进“根骨”不好者，而祸及子孙后代；二是情感需求所致。同时，侗族人重视人多势众，远嫁远娶不利于强势的形成，也不利于情感交流，尤其是遇到天灾人祸之时，往往得不到及时的帮助。所以直至20世纪80年代中期，大多数地区侗族实行的仍是族内婚，即民族内的通婚规则，其通婚范围往往局限在本村本寨，除非家境极其贫困或成婚者精神有障碍，一般不与其他民族通婚。人们认为，以远寨为亲，路途遥远，交往不便，亲属关系的优势也得不到体现；与外族通婚，文化有差异，价值观不同，容易造成家庭不和，也不利于亲属关系的扩展。民间谣谚说：“外寨家有十等（一百斤禾），不如寨内五拜（五十斤禾）为佳。”“行歌坐月”是当地青年男女交友恋爱的习俗，其范围也往往在上下几个同族村寨中进行。

过去侗族盛行早婚，个别的七八岁，大部分在十三四岁订亲，十七八岁结婚者最为普遍。但由于大多数地区有“不落夫家”之俗，这种婚礼多为形式，夫妻并未自此就开始真正的夫妻生活。而新娘长住夫家，一般也要到20岁左右。如果25岁以后

---

① 贵州省民族研究所、贵州省民族研究学会编：《贵州妇女问题调查专辑》（内部资料），第96页。

还未嫁娶，常被人讥笑为“老姑娘”、“老罗汉”。近10余年来，由于大量青年男女外出务工，婚龄也逐渐往后推移，二十五六岁甚至三十岁结婚也不再罕见。此外，由于对外交往范围的扩大，不少侗族女青年外嫁到安徽、山东、河北、广东、江苏、四川等省，使传统的择偶范围渐渐扩大。

□婚恋仪礼

婚姻的缔结一般经过婚恋择偶、说亲、订婚、讨八字、迎娶等过程。

婚恋择偶：自由恋爱是侗族青年男女择偶的主要途径，其形式别具一格。当儿童还在七八岁时，就开始分性别跟着村寨里的歌手学习唱歌，至十五六岁便参加社交活动，有了恋爱和择偶的自由。在南部侗族地区，几个年纪相当、关系较好的女青年，不分辈分，相互邀约在一家（俗称“姑娘堂”）做绣花、编织等手工针线活，或纺纱织布。每当农闲之时，特别是冬末春初的夜间，三五成群的青年小伙子，同样也不分辈分，或徒手，或携带“格以”（俗称“牛腿琴”）、“琵琶”等乐器结伴来到“姑娘堂”，或喊开门，或唱开门歌，或隔门对唱，有的姑娘则故意不开门，叫小伙子们在门外站等很久以考验其诚意。小伙子们进屋后，主客分坐在火塘边，或对歌作乐，或低声细语交谈，直到深夜或黎明，才依依不舍离去。家人在屋里一般也不避开。在黎平、榕江、从江等地，人们称之为“走姑娘”或“玩姑娘”、“走寨”、“走聚堂”、“坐夜歌”等，史书中叫“行歌坐月”。在榕江乐里七十二寨一带的侗族，男女青年的交往不是这种集体形式，而是女子独坐高楼，开隙门窗，男子则搭梯窗前，隔窗对歌，别具风趣。这里的侗族青年男女谈情说爱时，一定要避开父母和兄弟，否则被视为极不礼貌，而姑娘也会认为小伙子不懂事。因此，小伙子只好等到夜深人静之时，带上自制的琵琶、牛腿琴，扛着木梯，悄悄来到姑娘家的屋边，架在姑娘卧室窗外（有的姑娘家是两三层的吊脚木楼），然后爬上梯子，开始轻声唱歌，示意姑娘开窗对歌。小伙子轻柔、悦耳的歌声往往打动了姑娘的心扉，情不自禁地打开约二寸宽的窗口，与小伙子对起歌来。所以当地有“大树受不了三百斧头砍，姑娘抵不住几句好话喊”的俗语。当然，如果姑娘实在不喜欢某个小伙子，也就不会开窗对歌的。在湖南通道侗族地区，这种男女青年的社交活动叫“坐仓脚”。“仓脚”即由寨子集体建造或女方建的比较简陋的房子，又称“公房”。它是用六根杉木搭成架子，上面盖杉树皮，周围用木板围好，面积约一二十平方米。屋里中间建有火塘，周围摆上矮凳或石板。还有的因房地紧张，就将公房搭建在某家居室旁。坐仓脚往往以一两个年纪较大的姑娘为主（有的还正在“不落夫家”期间），约集几个姑娘，每当农闲之时，在仓脚里点燃火塘，煮着油茶，烤着糍粑，做着针线活，等待男青年们来对歌、弹唱，谈情说爱。

通过多次“行歌坐月”、爬窗对歌、“坐仓脚”后，某对男女感情渐深，情投意合，便开始交换信物。过去常以一枚铜钱破成两半，男女各持一半，表示定下终生。现在男子则多送银项链、手圈、银耳环以及玉石手镯等；女子一般送自己精心编织的花带、花帕、鞋垫或侗布衣服等。侗语称为“弯麻”，意为“换记”。

在北部方言区，青年男女的社交活动叫“或炎”，俗称“玩山”，或“坐夜”、“栽花”、“探花”等，而将玩山的地方叫“花园”，一般在小山坡上，或大树下，或路旁绿茵草地与野花丛中，以及屋边、仓脚、木头堆上等。在“花园”里，九寨一带侗族称男的为“郎”，称女的为“姣”、“姐”。按习俗，女子在“不落夫家”期间，已婚男女仍可参加“玩山”，不受舆论谴责。当地人喜爱玩山，常唱道：“一年要算三月忙，活要做来花要攀，做活得米敬双老，玩耍攀花为成双”；“栽秧打谷实在忙，夜里探花可莫忘”。玩山多在农闲时，以集体聚会为主，晚上、白天均可。本寨的玩山通过生产劳动、走寨串门约定时间，或男子到女家楼下吹口哨、打响舌声相邀，然后一起到“花园”唱歌、谈情说爱；与外村寨的玩山，主要通过赶场（集市贸易日）、走客探友、长辈牵线搭桥、赶歌场、联寨斗牛和吃牯脏等活动进行。每逢赶场，小伙子、姑娘们身着盛装，成群结队来到集市。如遇到中意的对象，就用表情、动作暗示，或派代表去邀请，还有的唱歌相邀：

郎是半天花蝴蝶，飞东飞西无处歇。
借姣身边站一站，问妹要得要不得？

如果对方也有意，则唱歌作答：

蝴蝶飞飞在半边，要找好花进花园。
妹妹身边无花树，十分有意也无缘。

无论是哪种方式约定的日子，都很讲究，俗话说：“有心约在三六九，无心约在一五七。”约会的地点，一般距男子较远，距女子较近。为了表示守信用，女子还出一件东西给男子，叫“压日子”。东西不论大小，“头发丝丝是个礼”，到了履行约会时，就把凭物还给物主。①经过几次约会后，双方逐渐加深了解，某对青年男女互相中意者便形成固定的情伴。以后再到花园玩，两人就避开自己的其他同伴，在花丛中、树荫下窃窃私语，倾诉爱意。当感情进一步加深后，有时就不再集体玩山，而是两人单独

① 傅安辉、余达忠著：《九寨民俗》，贵州人民出版社，1997年版。

约会了，这时，在九寨等地侗族，要举行“安墩架桥”仪式。俗话说：“未成架桥先安墩，先结情意后结缘。”安墩就是向众人公布这对男女结成了情侣关系。一般以男子向女子当众赠送一件小礼物为标志。安了墩就架桥，由女方拿出一件小礼物回赠男方，该礼物挂在树枝上，男子把礼物从树枝上取下，就算架了桥。安了墩架了桥，还唱《架桥歌》、《久伴歌》。

《架桥歌》唱道：

两下有心要和好，如今架成洛阳桥。
不是天缘修得好，也是人缘定得牢。

从前不连各是各，如今连了共条江。
桥上要你常来走，桥下要你常来凉。

《久伴歌》更是情深意切，歌中唱道：

新结伴，新修花园新栽花，
栽花要让花成朵，插柳要让柳成林。

新结伴，所结的伴要当真，
莫做渔网空心眼，
要做蜡烛一条心，
要做真心无假意，
真心栽花才成林。

我俩结伴情意深，妹也不想攀高门。
莫讲种田人命苦，种田人爱种田人。
生也要连死要连，莫讲家穷无油盐。

我俩只要情意在，凉水泡饭心也甜。

结了伴的男女，在以后的日常交往中，也经常互赠礼物，以增进感情，如男子送给女子镜子、手绢、头绳之类；女子送给男子自己编织的细草鞋、绣品等，以展示自己的手艺。结成情伴的男女，有的会向婚姻方面发展，也有的因移情别恋或认为感情不和而中止了关系。

在三江等侗族地区，还有一种青年男女交往的方式，叫“月堆华”，意为“集体种公地”。公地一般是离寨子几里路的山地，主要种植玉米、红薯、豆类等旱地作物。这种方式多为在“行歌坐月”基础上的进一步深入。时间从农历三月初三开始，到农历八月十五结束。农历三月初三，经常在一起参加“行歌坐月”活动的几个寨子青年各派代表讨论参加“月堆华”活动事宜，如参加种公地的自愿原则、参加人数等。一般而言，参加的人要有一边是男青年，另一边是女青年，且人数要相等。四月初八，是挖山播种的日子，男女青年穿着节日盛装，结伴上路。男青年扛着锄头，带着酸鱼、酸肉，姑娘们带着种子和糯米饭，一起汇集于山上。在开山种地之前，还要举行祭祀土地神、风神仪式，随后大家一起种地，边劳动，边说笑对唱，场面热闹有趣。中午时分，大家聚集在一起，在欢歌笑语中共进午餐。晚饭过后，男青年到女青年寨子“行歌坐月”，弹唱闲谈，直至午夜或黎明，才依依不舍地离去。五月初五、六月初六、七月十四，是约定中耕的日期，青年男女们再度相邀在一起上山劳动，在轻松愉快的劳动中又度过了一个个难以忘怀的日子。

八月中秋节前后，是“月堆华”活动的高潮。八月十四，小伙子们身着盛装，赶着猪、牛来到姑娘们的村寨举行庆丰收活动。大家欢聚一堂，共享收获后的喜悦，并弹唱对歌一直到深夜。八月十五，姑娘小伙们到山上收割，所得成果或按人均分配

(有的小伙子则将之送给心爱的姑娘)，或交给寨里的头人。八月十六，小伙子们又邀请姑娘们的父兄聚集一起，以答谢他们对“月堆华”活动的支持。姑娘们则各自将最拿手的手艺——布鞋、花带、家织布等，用竹竿高高挂起，送给心爱的人。当小伙子们回寨时，姑娘们还在寨头摆下阵势，唱拦路歌，以表达半年来在共同劳动中建立的深厚情意和依依惜别之情。

说亲：侗语叫“懈买”，意为“说妻”。无论是自由恋爱结合，还是父母包办，都要经过“说亲”这一过程。男女青年在行歌坐月或玩山中找到意中人后，男子在征得父母同意后便请媒人到女方家说亲。在榕江，侗族民间并无专门的媒人，大都采取“哪把钥匙，开哪把锁”的方式，往往拜托与女方家有世交或亲戚关系的人上门求亲，也有请男方家族中的嫂嫂、叔母、伯母、奶奶或姨娘、外婆等，但均需是夫妻双全和睦且能说会道者。媒人初次登门，一般不直说婚事，而是先以征询的口吻试探女方父母，若遭到拒绝就回去。如此往返穿梭于男女两家传递消息，直到女方家同意为止，侗语称为“山宋”。山宋那天，男方家请5—7个女性亲友或其他的族中老年妇女与媒人一道，带上糖果及聘礼，前往女方家商谈。这些老妇人需是丈夫健在、儿女双全、子孙满堂、享有一定威望的所谓“有福之人”，一是对女方家表示尊重，二是借此暗喻这桩婚事顺利和美。而女方家也事先通知其叔母、伯母、姨妈、姑妈等至亲长辈女性前来作陪。大家边吃着糖果边说笑，其间媒人则暗将聘礼（一般为金戒指、玉石手镯或钱）交给女方母亲，说亲便告成功。

在锦屏，当男青年有意于某女青年后，家人便托一个善言辞者持包糖、瓶酒、挂肉到女家，向其家长说“我想来你家讨碗油茶喝”之类的话，若对方将带去的礼物收下，并设酒宴款待媒人，即示“得话”；若女家以“女儿尚幼不懂事”等由退回礼物，即示拒绝。不过，一次说成者不多，往往要经三番五次后才能说成，此举也表示女儿的身价高。

订婚：在榕江称为“墨买”。“山宋”之后，男方择吉日请20—30位女性老人挑着百余斤糖（有的按女方至亲多少决定数量）、绿头公鸭一只、猪肉20—25公斤、糯米50余公斤，以及礼金（数百至上千元不等）等前往女方家举行订婚仪式。女方家把送来的糯米掺肉煮熟（侗语称为“苟岁多”）招待亲朋，意为大家吃了黑糯米饭，脚板擦了黑灰，这门亲事就算订下来了。男方家人返回时，女方则馈赠一些物品（侗语称为“板梦”），一般是10匹侗布，3—4套衣服以及姑娘亲手做的布鞋4—5双和10余双鞋垫，作为压聘和凭据。与此同时，男方家还要给女方舅家送去一份礼物，表示认亲。从此两家结成亲戚，逢年过节，男家均要给女方家赠送礼物，并一直延续至生育子女后。

锦屏侗族，订婚一般分两次行礼。第一次男方家派人给女方家各送一斗二的大米和大豆，意为一年十二个月和哺育女儿的饭菜，表示对父母年年月月哺育女儿的象征性补偿。随后，男方家派三个有儿有女（称为“双传”）的中老年男子带着银首饰、订婚礼钱、祭拜用的酒、肉等到女方家敬祖先，女方家也同时告知家族各户派一人前来参加。女方家将男方送来的财礼、酒、肉在神龛前过目过秤后，即开始祭供女方家祖先。之后，女家办酒席招待来客。男方家到女家时，还需放鞭炮，故有的地方将“订婚酒”叫“放炮酒”。还有的地方在订婚前，由男家提一只已会啼叫的公鸡到女家，当着女方父母的面将鸡捏死，然后观鸡眼。若双眼睁开则认为此婚双方皆利；若双眼紧闭则为双方皆不利；若左眼开右眼闭则利女不利男；若左眼开右眼闭，则为利男不利女。对于不利之相，或请巫师作法解除，或中止即将进行的订婚仪式。观鸡眼后，双方假如都同意，男方就带上二三斤肉到女方家，女方家也请族中长者来作陪，来客每人需自带一壶酒。酒宴罢，订婚仪式才开始。订婚后，有的地方男方还需再带肉、酒、糖、粑粑等礼物到女方家请媒，即除原来男方家请的媒人外，还得另请女家安排的两个媒人和六个“证人”（多为有儿有女的年长妇人），以构成“三媒六证”，增加缔结婚姻的可靠性。酒宴可在女方家举行，也可在媒人家举行。

三江侗族订婚的聘礼多根据各地习惯和家庭经济状况而定。一般男方到女家行聘，要携带糖、肉、酒，有的地方则带酸草鱼和酸鸭、糯米前往，或者给女方聘金和银饰。男方行聘者返回时，女方多赠与布匹、糯米粑等物。

镇远侗族的订婚仪式较简单。一般由男方在本族中挑选一夫妻双全、有儿有女的人，带上一包茶叶、盐（约4两左右）、糕点，到女方家指定的房族家去烧油茶、敬祖先，女方房族则设宴招待即可。

讨八字：榕江侗族在打算办婚事的当年，趁农历八月十五给女方家送节礼时，向女方父母索要姑娘的年庚八字，然后请阴阳先生测定婚期，并用红纸写好，由男方父母亲自送到女方家并与其磋商，如无异议则各自开始筹办婚事。锦屏侗族讨八字习俗较繁杂，有讨小八字和讨大八字之分。届时，男方派人携带新毛笔两支、香墨两锭、红纸两张及少许酒、糖到女家。如讨小八字，男方家所去之人一天即持八字而归，女方家也只请至亲吃餐饭即可；如系讨大八字，男方家所去之人，除一人持八字当天返回外，其余则留在女家做客，3—5天不等。在女方家吃“上马酒”时，其房族亲戚均有人前去赴宴作陪。之后，再由房族亲戚轮请，最后又在女方家吃“下马酒”，送走男方家客人。讨大八字费用颇多，除了少数富裕者有能力操办外，一般只进行讨小八字。吃“上马酒”时，男方需专门备办银手镯、耳环等首饰和衣服、衣料送给女方。而男方得到姑娘八字后，请命理先生测算婚期，并将结果告诉女方。在没有异议的情况下，双方于是开始备办婚事。

结婚：侗族的婚礼一般在秋末或冬季举行。在正式举办婚礼前，镇远侗族还有讲彩礼之说。男方家在秋末或立冬之后，可请原媒人携带茶叶、糕点、盐等前往女方家商谈彩礼之事。讲彩礼时，女方父母没有决定权，由家族众长者决定。新中国成立前，多为“三个六十”，即六十斤肉、六十碗酒、六十斤米。新中国成立后又改成了“三个八十”或“三个一百二十”。彩礼一旦确定，男家需如数备齐。锦屏侗族则叫“过财礼”。讨完八字后，男方备彩礼择吉日请房族中4—6人或8人挑着米、酒、肉、糖及钱到女家。女家接到彩礼后，将糖分发给房族各户，请他们前来赴宴。酒席上，女方的姊妹、姑嫂、叔伯母常跟男方家人“闹豆”，或捏耳、或画脸、或不准吃饭，百般戏谑，直至男方交出“豆”（钱，八元八角或十八元八角）。有的男方人故意不交以逗乐。男方家人回去时，女方家赠与布料、布鞋等。出于对舅舅的尊重，锦屏一些地方的男子需准备几斤酒肉、鸭2只、20—30元钱，在女方的陪同下前往女子舅舅家放炮认舅；还有的则由女方将彩礼的四分之一左右及一些酒肉、糖果等，一同和男方送到女方的舅舅家。舅家接到礼物后，或留一半，余下一半连同所赠贺礼送回，或全留，待女出嫁时再重赠。

榕江侗族在婚礼前一天早上，要“过礼”，即男家需将给女家的礼物送去，一般为50公斤重的生猪2—3头，鲜鱼15公斤左右，煮熟的鸡、鸭各3只，谓之三牲。此外，还要送一斗米蒸熟的糯米饭、籼米一斗、上等米酒一缸（15公斤左右）。同时需给新娘的表兄弟各送一篮糯米饭和一只公鸭。女方家将熟鸡熟鸭敬祭祖宗，之后将另一只熟鸭和两斤重的生猪肉交给男方捎回去祭祖。接着，男方家人向女方讨嫁妆。嫁妆多寡和种类视时代不同而有差别。20世纪50年代以前，多送1—2床棉被、2—3个脸盆、1—2个木箱等，待到有孩子后再补送织布机、纺车等。20世纪80年代后，所送嫁妆日新月异，从衣柜、书桌、沙发、自行车、缝纫机、床上用品、衣服、鞋袜到电视机、收录机、冰箱、影碟机、电炊具、电磁炉、电风扇、手扶拖拉机等等。嫁妆抬回后，即请两位“有福气”的老年妇女为新郎铺设床被。当棉被打开，四角露出红蛋时，在场的妇女们争先恐后上前抢喜鸡蛋，并预示着新郎新娘将来有儿有女。当天下午，亲朋好友们来送贺礼。傍晚，男方即请房族叔母、伯母、嫂嫂、姨妈以及邻居老人等 10 余妇女并两位少女，带上熟猪肉 1 公斤和一篮糯米饭前去迎娶新娘。

新娘的出阁和迎娶，各地侗族也不尽相同。榕江侗族新娘出阁前一天，新娘、伴娘们（包括寨子里善歌的几位姑娘、新娘的好友）和几位房族长辈妇女（俗称“送亲婆”）都必须先洗澡、洗头，梳妆打扮好。新娘出门前，还要与伴娘、送亲婆及两个房族长辈妇女（其中之一为新娘的母亲）一起吃一餐“告别饭”，男性概不参加。出门时则由两名胞兄弟或堂兄弟各提一盏马灯在前送行，新娘手持雨伞紧跟其后，再后为送亲队伍。一行人浩浩荡荡步行来到新郎家。到了新郎家，新娘要按选好的良辰准时进门，一般在夜间，而新娘的兄弟不能进新郎家，当即返回去，所提马灯放在新郎家的桌子上，不吹灭，叫“长明灯”。如果吉辰未到，男方家便在屋外搭一简单的棚子给新娘一行暂歇。此时，寨里的小伙子也可先与伴娘对歌。吉时进门，新郎家的父母和兄弟姐妹们均要回避（怕与新娘碰热面，今后不好处），只请一位贤德且儿孙满堂的老妇人倚立在门边迎候。当新娘将跨入大门时，老人将一只内装少量金、银、米、茶的小水桶或小竹篮饭递给她。新娘右手接，左脚跨入门槛进入堂屋，将水桶或竹篮放在神龛左侧，乐里七十二寨侗族放在灶房（意为新娘给新郎家带来金银财宝）。然后，坐在中柱旁的凳子上，背靠中柱，面向东方（象征上升、兴旺和幸福）。新娘坐定后，众人进来分别入坐，接着举行“斗茶”仪式。仪式由一老叟主持，在堂屋地上摆三杯

贵州榕江车江侗族婚礼场面

酒、一块熟猪肉、一条鱼和一个熟鸭头。主持者请新娘、伴娘、小伙子数人半蹲半站围成一个小圆圈，接着念“斗茶”词，敬请列祖列宗保佑全家平安，家业兴旺，新媳妇早生贵子。念毕，由家庭同辈未婚青年捧来熟猪头、公鸡以及四杯酒摆在供桌上，点燃红蜡烛，烧香焚纸，鸣放鞭炮祭祖。此时，新郎才由一位德高望重长寿者领入堂屋与新娘拜堂。拜毕，小伙子们拿着琵琶、牛腿琴也进入屋内，先请姑娘们唱三首吉利歌，帮厨将备好的饭菜搬到屋中,摆在用四张方桌连在一起的长桌上，每桌 12 道佳肴，请新娘、伴娘和送亲婆用餐。餐前，新娘先用筷子夹一块酸汤鱼，念道：列祖列宗，今天是我们的大喜日子，请你们先受用。之后，大家方能动筷用餐。主持人将祭祖的大公鸡砍成若干块，把左腿分给新娘，右腿分给新娘左边的姑娘，其余人也各分一块。饭毕，送新娘离席到新房休息，而小伙姑娘们也开始饮酒、唱歌，直至深夜。之后，改唱琵琶歌至第二天下午四时，然后新娘回门（侗话叫“转堆”），婚礼结束。

在都柳江沿岸一些侗寨，结婚时，亲友鸣炮送礼祝贺，大宴宾客。只要是同宗同族或邻居姑娘，不分辈分，皆可作为伴娘陪同新娘前往新郎家，人数多达数十人。到了夫家，先行婚礼，后由新郎家同族兄弟或邻近伙伴，同样也不论辈分，与伴娘们对歌为乐，历时一天或一昼夜，并由房族兄弟陪同进餐。

有的地方迎娶仪式较简单，既不宴请宾客，也不送贺礼，新郎只用一些腌酸鱼、糯米饭，请房族中几位有身份的人陪新娘及伴娘吃一餐饭即算完婚。

锦屏九寨、小江等地侗族的婚礼隆重而趣味盎然。在婚礼的前一天早上，男方家按商定将米、酒、肉等送到女方家，以备其宴客用。女方家请的客人多为女性，以堂屋中舅母桌为主，只有舅母动筷后，其他客人方可动筷。宴毕，开始唱“大歌”，由一人领唱，众人附和。唱词内容多追溯女方家及其房族的历史。下午，男方即派 10—20 人（包括新郎的伙伴和一个新郎的未婚堂妹）组成的迎亲队伍到新娘家接亲，当地叫“关亲客”。他们随身带去熟糯米饭、熟猪肝、肉、灯笼、两把杉木皮做的火把（不点燃）、酒、糯谷等。行至新娘家，便放鞭炮以示娶亲。新娘的伙伴们关住大门，用桌凳等物在大门外设障，并以歌盘问，如问你们从哪里来，来干什么等，迎亲客一一对歌答唱，待女方伙伴伙满意后方可进大门。进门后，迎亲的小伙子们还得交“开门钱”（几元至十几元不等），并得不到“自由”，时时要受到女方伙伴们的“突然袭击”，且不能还手，不能到房间里躲避，吃饭时亦如此。届时，女伴们或掐男客们的耳朵（据说掐出血才能听妻子的话），或用黑锅灰抹脸，或送来的筷子是木棍，舀来的饭才几粒或放上辣椒面，吃饭时抢碗夺筷、灌酒，有的甚至用箩筐套在其头上，象征性地用棍打等等，直到迎亲小伙子们交出“豆”（过去多为黄豆，现改为几元至几十元的现金，一般都带有

“8”）方罢休。有的地方还要让小伙们生火煮油茶，姑娘们在一旁或撤火、或加火捣乱，气氛热闹非凡。晚饭后，小伙子们或睡觉，或对歌。当夜半鸡鸣三遍，“关亲客”便放鞭炮催新娘动身。新娘在发亲婆的指导下梳洗打扮，时辰一到，炮声大作，新娘放声而哭，诉说父母的养育之恩和依依不舍之情。哭声凄婉，催人泪下。在发亲婆的搀扶下，新娘踱步至大门口，由发亲婆给穿上草鞋，张开红伞，嘱咐吉利话语，再由新娘的兄弟或堂兄弟背出大门。除了迎亲者，送亲者有新娘的兄弟或堂兄弟，还有两个未婚伴娘和一群新娘的平时伙伴，称为“姨娘”。路上若遇到同路的送亲队伍，则尽量赶在对方之前，若赶不上，新娘则以马或车代步。若迎头碰到其他送亲队伍，要退让至高处。新娘及其伙伴们，在路上遇沟便停，逢桥即站，要迎亲的小伙子们交“过水钱”(数额均较少)。

至新郎家寨外，若时辰未到，新娘需站等。新娘进屋，要举行仪式。由巫师烧一堆火在门前，口念咒语和颂词，以避邪除凶，趋吉求祥。这时，由一位男方家专门请来的“封传”（有儿有女的有福之人）牵着新娘的手跨过火堆，又拿喂猪的食桶给新娘提上，而新娘在进屋时，故意用脚在门槛上蹬一下，以示不愿进门。进门后，新娘将桶放在屋的一角，意为养猪长得又快又大，立下家业。其后，“封传”给新娘打水洗脚，换上新鞋，与伴娘一起进入洞房。新娘进屋时，新郎的父母、新郎躲在高处，不能在现场，俗称“躲热面”，以防日后不好相处。新房的床需由有儿有女的妇人来铺整，男方家还要封礼包酬谢。等到新娘和伴娘出来吃六合酒时，新郎的父母和新郎才能与新娘相见，以酒相互问好问安。天亮后，如路近，除新娘、伴娘和新娘的兄弟或堂兄弟仍留在新郎家外，姨娘们皆转回。而新郎家的亲朋好友们也纷纷持贺礼前来恭喜，中午“吃泡饭”。午饭后，新娘着盛装，在伴娘和新郎的姐妹们的陪同带领下，去寨上由近及远走亲戚认宗族。所到之家，要设宴款待，但新娘仅象征性夹点儿菜，喝点儿酒。傍晚，一大早转回去的姨娘们随身带着礼物（如布料、布鞋等，多为女亲戚们送的东西）又来到了新郎家，一般为单数，未婚、已婚不讲究，但已婚者须没有孩子。一路上，鞭炮鸣放，姨娘们又百般逗趣接亲客，或要背，或让他们学牛喊马叫狗吠鸟鸣，或扮演新娘的“小宝宝”等。在新郎家门口，新郎的伙伴们设障要女伴们以歌相叩。吃晚餐正席，舅母一桌设在神龛下，并由该桌先开席。新娘、伴娘和姨娘们一桌。席间，小伙子乘机戏谑姨娘，或以长棍当筷，或以肥肉当饭，或以酒作汤，或碗底放辣椒水，或饭上撒盐等，同时还互相以“花园”中的歌和语言责备，打情骂俏。

饭后，小伙子进入新房向新娘和姨娘讨烟抽。他们用特制的四五尺长的烟斗伸到她们面前，说“请汪定他妈（姨）给叔（伯、哥）袋烟抽”，新娘点上烟并说“请小宝他叔（伯、哥）抽烟”等话，若扭扭捏捏，或语言不恭、态度不诚，小伙子就不抽，直到满意。在此过程中，大家相互戏谑，平时忌讳说的一些话，此时也变得无所避讳。讨烟后，小伙子们提出煮油茶，要用新娘挑的新水，又借机逗趣新娘。有的故意用篮筐或漏桶，有的在新娘挑水时压水桶或扁担，一担水往往一个多小时才挑回，且桶中水已不多。生火煮油茶时，小伙子们又用葫芦编个胖娃娃戏谑新娘，葫芦中有水，时常将火浇灭，在大家一阵阵笑闹声中将油茶煮熟了。油茶熟后，要先敬祖宗，次敬舅母，之后才敬其他至亲，接油茶者得回赠一些礼钱。还有的故意不吃油茶，要吃甜酒。新娘煮甜酒时，小伙子或用生柴或用芭蕉树枝给新娘烧，使火不旺，同时逗趣新娘。甜酒熟后，又让新娘给每个人端送，接者故意不马上接，或装有耳疾，或让新娘说些发笑的话，以考验新娘的态度和耐心，其后又有对歌等活动。次日早饭后，新娘起步回门，开始“不落夫家”的生活。

锦屏河口、文斗等地的侗族，新娘出阁前要唱“哭嫁歌”。凌晨，由兄弟或堂兄弟背出门上花轿。一路上，一对彩旗在先，接着是新娘，再后为陪亲婆，最后是嫁妆和接亲客，大家吹吹唱唱，说笑逗趣。到了新郎家门外，待“退喜神”仪式后，新娘由一有儿有女的妇女，背上跨过设在门边的“七星灯”，进入堂屋拜天地、祖先，之后进洞房。当晚，新郎的同伴们前来以索烟、讨茶等形式闹洞房。男家留客三天，其间，新娘在酒席间要唱歌敬酒认亲戚，受敬者向新人回敬些吉利话或钱物。第三天早晨，新娘在新郎家姐妹的陪同下挑水，象征性地做些家务。次日，返娘家住一晚即回夫家长住。固本、新民、裕和等地的侗族在正式婚礼前，派人给女家送去几十斤肉，然后再派两名男子（其中一人背一把双刃刀）前去迎亲。新娘不带任何东西就随男家人悄然出门，娘家也无人陪伴。新娘到男家之后，男家即宴宾客。三天后，女家派新娘的伴娘接新娘回家“转脚”。此时，男家要派新郎的姊妹前去陪伴新娘，还要派一名精干妇女（俗称“关亲”）帮女家操办酒宴之事，同时还带去酒肉、糍粑、一只公鸡、“背带钱”等钱物。女方寨子家家户户门口设牛角酒，男家来的人不分男女均得挨门饮过，“关亲”最后，每过一家都留下些钱作为答谢。新娘回到娘家后，家中才办酒席，由“关亲”出面宴请女方亲友，每到一家，也需留下少许钱作为“请柬”。第二天，男方迎亲客挑着嫁妆，护送新娘返回新郎家。新娘即从此长住夫家。

通道侗族新娘出门时，由迎亲人手持火把走在前面引路，意为照亮人间，带来光明。新娘手持雨伞，由一送亲婆（引娘，有儿有女者）和四名伴娘（女伴，未婚或无身孕已婚者，以防日后新娘所生子女得软骨病或不漂亮）陪送。到了新郎家所在村寨，先放一根丝茅草在口袋中以避邪，然后跨过寨子门楼中的火堆和放着筛子、剪刀的水盆。进新郎家时，新郎家人要回避，以免日后生口角。喜宴有一天结束的，也有两三天才结束的。无论几天，其间都有闹洞房、摆长桌宴、唱赞歌、对歌等习俗。新娘“转脚”（回娘家），男家要送酒、肉、糯米粑粑等物。之后，新娘开始“坐家”。

靖州等地侗族迎娶新娘时，由新郎带着与新娘对歌时互赠的信物和少量礼物，与平时走寨对歌一样到新娘家。新郎一进屋，先将礼物交给岳父岳母，然后和伴郎一起步入新娘闺房，边吃糖、边喝油茶，边和新娘、伴娘对歌。深夜吃过送行饭，着盛装的新娘由兄弟背出家门，和新郎一起连夜步行至新郎家。入门时，门外放着格筛，筛内放茶盘和禾穗等，新娘跨过格筛，顺手拿过茶盘和禾穗进屋，坐在火炉边的新凳上泡茶、煮油茶，敬给新郎房族亲友吃。深夜还要去碓场舂米，天亮之时又去井边担水。新娘进屋后的第二天，新郎家设宴款待亲友。新娘及伴娘在新郎家住三天三夜，对歌坐夜，通宵达旦。第三天吃过早饭，新郎兄弟和伴郎们带着酒肉，护送新娘“转脚”。在新娘家吃过“出嫁酒”，新娘又随“送酒客”回夫家长住。镇远报京大寨、剑河小广大寨的侗族有“头卯迎娶”（牯脏年不迎娶）之俗，即每年农历十月第一个卯日迎娶。据说，小广大寨的这一习俗源于“采桑节”并从此打破了小广本寨内不能开亲，要到很远地方去接亲的习惯。迎娶时，男家请人挑彩礼和酒肉到女家，女家就备办酒席宴请亲朋好友。当天晚上，姑娘的情人和伙伴们要来陪嫁，唱伴嫁歌，如“吃筛子饭”、“唱茶歌”、“吃断情饭”等。半夜，新娘由兄弟背出家门，有的一直背到新郎家，有的则用马接到新郎家。到了新郎家，由男家引娘引新娘进屋，然后举行“回神”和祭祀活动。仪式结束后，新娘坐到火塘边，表示已成为男家的一员。这时引娘拿来一只鸭腿给新娘吃，新娘接过鸭腿，略吃一点儿，就离开男家，和伴娘们一同返回娘家。报京侗族迎娶队伍主要由六人组成：两个老年人（称为“关亲”），专门去女家陈述婚姻古理；两个青少年，专门打伞，每人扛一把乌油伞，去时右肩扛、右手握，中途不能打开，不能换肩，其中一个伞上拴有一小包茶叶和一小包盐，给新娘家煮油茶用；两个中年人专门挑酒、肉、米及送给女家父母的“抚养费”。到了女家后，女家由两位老妇接过乌油伞，放在神龛上，任何人不能乱动。晚饭时，关亲者述古规古理，女家也请两位懂得古理的老人作答。饭后，女家由一老妇人拿着锅烟给两个拿伞青少年打烟墨，画上一些图案，意为驱邪除怪，可使新人出门后一路平安到男家。打完记，就要移席到叔伯家，姑娘家则接待新娘的情人、伴娘，一起唱伴嫁歌。天快亮时，新娘送走情人，也不着新装，穿上草鞋，在伴娘们的陪同下，随“关亲”等人来到男家。这时，两名拿乌油伞的青少年则换成了左肩扛，左手握，中途仍不能换肩，不能回头往后看，一直到达男家。民谚说：好男不靠父母养，好女不穿嫁时装。据说，新娘不穿新衣不送嫁妆，是要让其靠自己的劳动去获取，新生活靠自己去创造。

新中国成立后，侗族传统的婚仪已有了较大变化，一些过程被淡化或已消失，与当地汉族几无差别。嫁妆、聘礼追随时代日渐多样化，通婚范围也打破族内婚，向族外、省外婚扩展。

□不落夫家

多数侗族地区有“不落夫家”（或“坐家”）习俗，即新婚之时，新郎新娘不同房，新娘在婚礼后即转回娘家，待到逢年过节或农忙，或夫家有大事之时，才由夫家派人接回与新郎同房，但次日或事后即返回娘家，直至怀孕，才长住夫家。在榕江，婚礼后，当新娘离开新郎家时，悄悄在衣柜中放一物品暗示新郎。若放围腰即暗示当年春节可接回；放衣服即次年可接；一样不留则是三五年后再接。在不落夫家期间，新娘仍可与做姑娘时那样“行歌坐月”，新郎也如此。坐家时间长短不一，短则一两年，长则甚至十余年，有些地区有“三年上，五年下”之说。有的在婚礼后当年除夕或次年二月初二，接新娘回去，也有的在婚礼后不久择吉日接回。届时，男方派一老妇率几个小孩到新娘家，见到新娘即将之强行带回。所以，每到年节，新娘往往外出到亲戚家躲藏。即使有时被抓住，新娘也得设法在其同伴的帮助下逃走，或者公开表示谢绝。如果三年以上新娘仍未怀孕，男方就可派一位已婚妇女和几个姑娘去“抢亲”。女方知道后，就外出躲藏。如果被“抢”去了，在夫家待上三五天，又可以逃回娘家，直至怀孕。故有不少侗族人，往往等到怀孕、生育后，才正式置办嫁妆、家具、生活用品和衣物等，媳妇在婆家也才有正式的地位和身份。不过，这一习俗在许多地方也正渐渐淡化，新婚后没几天，新郎家就会以这样或那样的借口将新娘接回，加上侗族青年男女现在普遍婚龄增大，生育时间较过去延缓了许多，所以“坐家”也仅仅成为仪式中的象征性过程而已。

□离婚与再婚

侗族夫妻关系一般较牢固，尤其是那些已当家立业、生儿育女者。容易提出离婚的，多是订婚或妻子在“坐家”期间。如湖南通道侗族，妻子坐家期间，夫家多次派人去接，仍不愿回夫家，或到夫家后，将夫家水缸担满水并溢出，意要离婚，夫家见状，也不再派人将其接来，准备离婚。或挑一担水放在男家门口，表示要离婚；若男的不要女的，就挑一担柴放到女家门口即走回，表示要离异。如是女方反悔，男家房族人到女家论理，要求赔偿；如是男家不愿，女家房族人即到男家论理索赔。赔款费俗称“洗夫（妇）钱”。过去，镇远一带的侗族妇女若想离婚，只要将男方送来的茶叶、盐巴一包退回；若男方不愿意，就直接到女方家说事。双方均同意离婚，由男方家筹办酒席，请双方族长参加公证，两人的婚姻关系即算解除。夫妻提出离婚，一般都先以寨老、亲族劝导，如果无效，才办理离婚手续。离婚时，通常由先提出离婚者承担一切经济责任，赔偿订婚或结婚所花的费用、彩礼。有原物退回原物，无原物折价退还，至于在缔结过程中所付出的代价，概不退还。也有的地方则按传统习惯法处理，付与一定钱财，双方即可解除夫妻关系，各自另行嫁娶。若已生育子女，则由双方协商解决，或随女方生活，或由男方抚养。另有个别地区，婚姻的缔结随意，易离易合。只要双方认为感情融洽，即可结成伴侣；同居之后，如果认为不满意，本人可以亲自或托亲友通知对方父母，宣告离婚，无须经过任何手续，即可生效。如通道侗族有的离异以“破竹为凭”。届时，两人相约在深山老林处，砍三个两节的竹筒，如一刀将其劈成两半，两人各持半竹筒为凭。如果一刀劈不开竹筒，则天意不准他们离婚，就和好如初。

有的侗族地区，由于母权制遗风影响，有“忘夫”或“休夫”习俗。如广西三江侗族妇女如打算离异，只要把系有红绸的芦笙退给丈夫，丈夫就知道女方要离自己而去；还有的女方将一包附有芭芒草的茶叶放置在堂屋的桌子上即可，称为“退茶”。

离异后可再嫁再娶。不过在侗族地区，离异极少，除非感情实在不和、婚后不生育或男盗女娼、做了伤风败俗的事后引起对方不满而离异。鳏夫寡妇亦可再嫁再娶。寡妇再婚，不受家人和社会的干涉。如夫家有弟未婚，只要叔嫂双方同意即可转房。但大多要在前妻或前夫去世一两年后方可。若鳏夫寡妇结为一家，则不必举行婚礼，接进家后，只需备几桌饭菜请房族长辈，让社会知道即可。一般而言，年过四十者，由于子女已长大成人，再续弦或再嫁，会招致笑话，受到社会舆论谴责，故较少再婚。

丧葬仪礼

侗族丧葬一般从简从省。家中老人病入膏肓，子女多守在其旁，听其遗嘱和看其绝气，俗称“接气”或“送终”。随后即焚烧纸钱，谓之“落气钱”。接着放铁炮或纸炮，叫“落气炮”，意为送死者灵魂升天，到侗族传说中的“高顺俄安”（理想中的极乐世界）去；二是告知邻里寨人，家中有老人去世，希望他们来帮助处理丧事。同时还需及时将一块长2.5尺左右的白色侗布（俗称“孝帕”）或禾穗送到死者娘家“报丧”。通道侗族是提着一个灯笼、拿着一把捆扎孝帕的雨伞、一斤酒、一斤肉到娘舅家报丧。娘家人一看来者手里东西就知道发生了何事，即与该房族长老协商，然后再通知其他亲戚。在黎平侗族地区，老人去世后，不能马上痛哭，要立即用一个空器皿烧香焚纸，称为“落气纸”，以示让死者在去“高顺俄安”的路上作盘缠。然后请一位地理先生来测算死者的生卒年、月、日、时，看它们是否相克，如相克，是为犯“凶勾”，需宰杀一只大公鸡化解“解勾”；如不相克，则为大吉。“解勾”之后或大吉，家人方可大声痛哭。

老人落气后需洗尸更衣。死者亲人要到井边或河溪边焚烧纸钱汲水。舀水时，一定要顺水舀，不能逆水舀。挑至家中烧热，请同性老人洗尸，洗时念道：“暖水悠悠，洗衣穿绸，阳人活着，从脸洗起，死去阴间，从脚往上洗，洗得亡人一身白净亮光光”。表明死者百年归阴死得干干净净。锦屏侗族多请一位与死者同辈的老人到井边“买”来新水煮“清明茶”给死者喝（舀少许人死者口中）。同时，男的老人需剃发，女的则梳头绾髻。若死者牙齿齐全，需打掉门牙一颗，谓之“开仓”，意为死者正常死亡，非夭折。传说如不打掉牙齿，死者难以较快转生，或转生时即见有牙齿，视为不吉。洗毕，穿上寿衣，一般为单数，三五件不等。老人生前一般都备有寿棺、寿衣。寿衣布料多为自织的棉布，或绸缎丝织品。男性寿衣式样或与普通衣服相同，或为绸缎长袍夹衣；女性寿衣则为自织的家机布，式样与普通衣服相同，富裕人家戴玉石手镯、金银首饰。男女寿衣均不钉纽扣，以蓝布或白布、青布带束腰，有的是以青纱捆在死者身上，青纱的数目与死者年龄相等。寿衣有衬衣、棉衣和外衣，内白外青，青布裤、白布袜、青布鞋。在榕江，有的还用香在寿衣上烧一个小洞，用剪刀在寿裤上剪一个小孔。有的地方还给死者戴上帽子或包布帕。更衣后，将一些碎银放到死者口中，无银的可用米粒、茶叶代替，称为“含口银”或“口含”，禁用铜钱代替。其意是让死者在阴间得到安宁，日后子孙语言稳重，不会惹是生非。也有的地方只将碎银放在嘴唇上。“含口银”入棺时需取掉，或不能放得太多，否则子孙的嘴巴会闭得太紧，不善言辞或不会说话。有的还在死者手里捏一团糯米饭，或几张纸钱，或一块侗布，表示给死者返回故地途中吃用。湖南新晃、通道一带，还有亲生子女必须给老人送“三钱”。一称“落气钱”，即老人落气前，亲生子女必须到场送终，待咽气后，即焚烧纸钱，叫送“落气钱”；二称“阴牒钱”，即把死者生前做的好事，写在一张黄纸上，和一张纸钱放在一起，折好放在死者手中，意为到阴间通报死者的凭证和费用。三称送“握钱”，即放置“阴牒”的同时，把一捆纸钱塞在死者一只手里，以示来世手头宽裕，很有钱财。

更衣完毕，将死者尸体移于堂屋内的“薨床”上，有的地方叫“梦床”。薨床用四块（有的地方用三块）木板拼成，下垫两条二人凳，上铺白布。用三角形布袋装纸钱作枕头。死者置放的位置是头朝神龛，脚朝大门。先用纸钱盖面部，再用白布盖上，上面加盖床单或被面。有的地方死者脚上有三幅用三匹侗布折成的5尺长的挂物，称“挡脚布”。此布一般由儿媳妇出。“挡脚布”前面放一四方桌，桌子正中放着一升米，插上蜡烛和香，其前摆一碗饭、一双筷，一块半熟猪肉或插一个猪头和三条腌鱼，右边摆死者“灵牌”，点一盏油灯（俗称“地府灯”）。忌有铜铁器或混有桐油之物附于死者身上。桌子下放一篮子死者生前的换洗衣服，供死者到“阴间”后经常换洗。一些地方的“梦床”上还放一把旧伞、一双草鞋、一袋米、一根拐杖，作为送亡者的行装。孝子守候在尸体两旁，焚香化纸，或等候死者娘家人的到来，选择吉日入殓。

娘家人到来后，死者子女要向他们下跪，意思是请求舅家原谅他们做得不周全的地方。舅家先通身检查死者，一是确认死者是否死得明白；二是检查死者穿戴的衣物是否符合传统要求。如有不满意之处，孝子要赔礼道歉，还要采取及时补救措施，直到娘家人满意为止。除此，丧事的规模还要由舅家来决定。湖南通道一些地方的侗族，如死者生前受到不公对待，娘家人甚至可以大闹一番，如掀饭桌、摔饭碗等，俗称“打雷”。

入棺前，子女及房族亲戚均披麻戴孝轮守于死者床侧，以防猫狗跃爬其上。在靖州，守孝期间，孝子们脚穿草鞋，不食荤腥，还要请地理先生择入棺入葬的吉日和墓地，请歌师唱“丧歌”，请道人做法事。

侗族地区产杉木，故棺木多用此做成，制作讲究。一般用同一棵树的木料来做，底部用三根木板相拼，意为三间房子。棺木忌节疤，忌遭过雷劈。也有的地方用十节杉木镶成的“合十”棺木，全以渠槽扣合，忌用铁钉，外部漆黑。吉日吉时，将亡者入棺。一般先在棺内放少许木炭、纸钱、棉花，然后用青、白、黑三层侗布将死尸兜入棺内。入棺时，鸣放铁炮、燃放纸炮。在黎平龙额、岑引等寨，亲属打伞遮老人尸体抬至鼓楼或公共场所入棺。入棺时，家人均要回避。此举一是怕死者留恋家人，二是怕死者将亲属的灵魂带入阴间。同时，办理入棺的人员，相互间也不直呼其名，多打手势，以免亡人把生人的灵魂勾去。入棺后，棺木不加盖，要等子女们到场验看尸体是否摆正和凭吊。黎平地区侗族认为，棺内死者尸体偏向哪边，站在哪边的儿子今后家中要兴旺发达，摆正了大家都好。大家都认为合适并满意后，儿子们就把自己穿过的有热气的衣服去掉纽扣塞在死者旁边，以使死者到另一个世界后仍感到下辈对他的温暖和亲近，以示父母之情不断。有的入棺主持人为慎重起见，还用一根纱线扯直，对准棺木中线和死者鼻梁，然后搬动尸体，尽量做到不偏不倚。入棺时，铜铁器一律不能带进，否则会犯凶，不吉利，后人会遭血光之灾。

入棺停柩一般3—5天，高寿且家庭富裕者，可为7天，日子多为单数。在此期间，灵堂灯火、香火不断，孝子孝女们披麻戴孝轮番守柩，腰间系一根朝左的草绳，亲朋好友也戴孝前来吊丧（晚辈头戴白孝帕，同辈将孝帕捆于腰间，上辈一律不戴），一般以米、酒、祭幛、羊、钱作为祭礼，女婿则必送一头猪，有的还加送鸡、鱼，称为“三牲”。他们来时，均向死者烧香化纸，晚辈则跪拜致哀。死者子女在棺木两旁要向前来吊丧的亲友对跪，以示感谢。有的地方还专门请歌手来唱哭歌，请道士为死者诵经“开路”。整个丧期，死者子孙禁食荤菜、饮米酒，但不忌吃鱼，以示悲哀的心情和对死者的孝敬。守丧期间，全寨三日内不得唱欢歌、吹芦笙或跳舞。

从江一带的侗族因多居干栏式木楼，棺木上下楼不方便，一般就在出殡时方入殓。入殓时，棺木放在门口或寨巷里，当巫师卜吉时已到即出殡，将尸体抬出家门。死者由长子扶头，亲属拿被角。入棺前，要把儿媳妇送来的被单覆盖在尸体上，或作枕头，举行上祭。祭品有鸡、腌酸鱼、猪肉三牲，也有摆猪头的。在亲友来灵前哀悼时，死者儿女要跪拜还礼。祭罢即入棺，孝男孝女到齐向遗体告别后，方盖棺起柩出殡。镇远侗族也多在出殡时由女婿和家族人抬到外面入棺。

清代以前，从江占里、往洞和湖南新晃、通道等地区的一些村寨，曾有停棺待葬之俗，这与侗族讲究生卒年、月、日、时是否相克有关。如死者不逢吉年，不能入土安葬，需停柩待葬。即死者入棺后，抬至寨外较偏僻之处，放安木枕，将棺材架其上，上面搭一小棚。择吉日，或俟村寨里有同辈人死后再一同下葬。这一习俗现在从江同乐、独峒、林溪等地仍有遗风。他们认为，死者不逢吉时，不能马上安葬，需待到吉年、吉月才择吉日安葬。在黎平一些侗族地区亦有类似习俗。其停柩待葬的形式有：一为死者入棺后，移至寨外，架在木凳上，用杉树皮或草帘盖上以避风雨，待逢吉年，再入土安葬。二是将棺木埋入土中，但不垒坟，称“浅葬”，意为尚未与地脉接触，不算安葬。三是用竹竿插入棺木底部，表示尚未落土，待到落土时再抽去竹竿。肇兴、尚重、务弄等地则有同日下葬之俗，即人死后不安葬，待同辈人全部去世后，统一安葬。天柱侗族如逢下葬时日不吉，则将灵柩放于墓穴内，上盖木板，掩以碎土，待来年吉日再行埋葬；也有将竹篾一端放入墓穴底，一端留在坑外，再将灵柩放入墓穴内，掩土垒坟。来年吉日，将竹篾抽出，再行复山，才算正式安葬；有的则将埋葬多年的尸骨另行迁葬。迁葬时，用布单遮住墓穴，不使“见天”，另用新制小棺材盛骨埋葬。

侗族实行棺木土葬，讲究风水龙脉。成年人死后，一般都要抬到祖坟墓地安葬，没有祖坟地的则抬到认为风水较好的山岭上埋葬。黎平侗族称墓地左山为“青龙”，右山为“白虎”，男左女右。一般白虎不能高过青龙，否则于子孙后代不利。有的地方在挖好墓坑后，杀一雄鸡抛入坑内，让其扑腾，谓之“跳井”，榕江一带的地理先生还念道：“此鸡，此鸡，不是非凡鸡，别人拿来无用处，弟子拿作跳井鸡。”若鸡死于坑内，表示死者找到了好宅；如鸡扑了出来，则要另挖墓坑，或在坑内放一层纸钱，方能入葬。下棺前，多数地区将纸钱撒入坑内，给死者作家底，有的还撒少许朱砂、茶叶、米粒（死者若为女性，需放五色丝线）于坑内，放朱砂意为给死者房子点灯。

在镇远等地，葬日不能选春、夏、秋、冬季时日，民间认为，“春龙累累夏羊西，秋龙冬牛一路归，若凡哪人勉强葬，必自三人共一堆。”此为犯大忌，多选平、定、为、成时日为好。如日子不吉，不管停尸多长也不能下葬。

出殡的前一天，榕江侗族有“上香”仪式。届时，设香案（所有祭品都摆在供桌上），敬香顺序为孝子先行九拜九叩礼，其次是死者娘家下辈敬香，行三拜三叩礼，孝子答叩礼，紧接着女婿及其他亲友依次敬香，行三拜三叩礼，孝子答叩礼。对前来送礼敬香者，不论亲疏，每人都发一条孝帕。近年来有所改变，仅给孝家、女婿及舅家发孝帕。是日，女婿还得请一班吹鼓手（若无女婿，由舅家请），为亡者吹奏，直至第二天送灵柩到墓地为止。

出殡之日，时辰一到，即将棺材抬至门外宽敞处捆扎好，孝男孝女手持报恩棒跪拜，孙子双手捧着死者灵牌，道士先生念咒语，并提一只母鸡在棺盖上连击三下掷于地，铁炮连放三响后，众人始抬棺柩。在一些地方，当棺柩抬出门后，速在门楣贴一张红纸，杀一只雄鸡，将鸡血洒在门槛边，用火熏房，以除疫气。黎平侗族凡是抬死人经过的地方巷道，家家户户挂树叶或晾白布，以示避邪。锦屏侗族在出殡前，由法师持幡念词“分魂”，再用剑（棍）敲碎放在棺前的水碗，将幡交给孝子。在不少侗族地区，出殡时，一般在沿路由一人专撒纸钱、撒米，意为“买路钱”，以避免鬼神拦道。黎平、榕江侗族送葬时，孝子每人手里拿一根1尺左右长的用白纸缠绕的竹棒，称为“孝棍”（在榕江，死者若为男性，“孝棍”长7寸；若为女性则只有5寸），其余人手拿3枝香烛拜路，有的则由长女手持半张开的雨伞在前头，边走边撒米，以示避邪；镇远地区的孝子身背一笆篓，内装一些糯谷，由一长者扶着在前面带路，手持的竹子上端则破开，夹一鸡头或牛蹄、猪脚，一直送到墓地。黎平的水口、肇兴一带，若死者是男性，由女婿连喊三声“到时啰”，即抬杠起步；若为女性，则由舅家人喊，并由死者女儿或侄女二人在前引路，她俩一人肩上扛一把系有手巾的雨伞走在前，边走边喊死者的名字，催她快走。据说这样死者才不愿离开家，抬棺材的人也觉轻松。如遇上坡或难走动时，孝子钻入棺木下，用身体支撑，意为用自己的身体背父母上山，以尽孝道。锦屏侗族在送葬路上，有的抬棺者故意将棺停于途中，要死者女婿等亲友负责一头儿，女婿等则以钱或酒肉等请其续抬，事后抬棺者将所得钱物“打平火”，称为“掏龙酒”。

送葬途中若需休息，必须用两条长凳（有的地方用孝帕）垫于棺下，切忌棺材沾地，否则亡灵就此不前。送葬妇女多至村寨外或山脚即返回，孝子则送到墓地。

到墓地后，锦屏地区先由孝子在墓穴及四周撒朱砂，将穴内脚印抹掉。地理先生给灵柩定向，杀鸡溅山，念咒招魂。榕江侗族则在墓穴四周和中间各挖一小洞，将内盛少许朱砂和五色线的小杯分别倒埋于五个小洞里。然后地理先生做“跳井”仪式，手拿一根点燃纸钱的木棍，围墓穴四周念祭词。下葬前，要在墓坑里烧纸钱，一些地区称之为“暖井”。灵柩入土，孝子一般要回避，以免死者将亲人的灵魂带入阴间。棺木入土放稳，黎平侗族称为“黄金落窑”，埋棺的第一把土由孝子放，然后大家才动手填土；锦屏侗族则忌孝子动土；榕江侗族需地理先生用锄头在棺材上敲三下，众人方可填土；靖州侗族在填土时，地理先生还有踩棺仪式，孝子匍匐，听其赠吉祥话，以钱米投入孝子怀里，以示“人财两发”。安葬完毕，送葬人从山上回来后，在榕江，一老人在门前置一盆水供他们洗手，并吃上一碗加击棺鸡熬成的稀饭，方可开荤；新晃、锦屏侗族则在水盆中放上茶和米，让送葬人洗手，驱邪避恶。晚饭设丧宴招待亲友和帮忙者。送葬的当晚，锦屏侗族还由法师主持，到寨边为死者“出灵”、“化财”：先烧子女和亲友赠送的冥钱和灵牌，以及死者生前的心爱之物，然后将死者生前用过的衣物、器具等在火焰上来回抛几次，以示将死魂拆开。

安葬后的第二天，孝子及女婿等带上工具、祭物到墓地上垒坟，挂白祭奠，称为“复山”。“复山”回来时，有的每人拿一柴棍回家（意为进财），孝子得喊死者“回家”。死者若为女性，入土七天后，孝子要带上酒肉到母舅家鸣炮长跪，请母舅恕不孝之罪。母舅将之扶起，办酒款待，俗称“转孝”。通道侗族在办完母亲丧事后，孝子要邀约房族叔伯兄弟同去舅家辞行。去时，孝子手提灯笼，拿一把雨伞，伞上捆着一块白孝布，一路上呼唤亡者灵魂同去舅家。到舅家祭祀一番后，又提着灯笼，拿着雨伞，一路唤着亡者的灵魂回家。侗族墓葬都依山顺埋，靠山面向，忌讳横埋倒葬。侗族过去没有文字，故古老的坟上的墓碑没有字，直至明朝以后，才出现了有汉字的墓碑。墓碑大小视家庭经济情况而定，上记死者及儿孙姓名。现代墓碑较过去高大华丽，刻有联语及墓志。有的墓碑在安葬多年后于某一清明节时才立。届时，房族亲友前来参加或帮忙，主家摆酒席招待。

葬后的第三天晚 9 时许，榕江侗族要在堂屋中象征性地摆上一桌酒席，为新亡者宴请已故的亲友前来做客（侗话称为“多客”）。是时，屋内空无一人，只有一老妇在堂屋点上一盏半明半暗的油灯。后虚掩大门，老妇在门口呼唤亡人及祖宗列宗的名字，呼毕，便选一僻静处躲藏起来，一小时左右前去收捡餐具，整个丧事宣告结束。

对于客死者，尸体只能停于寨外。

至于非正常死亡者，如患有不治之症、难产、跌岩、落水、雷击、火烧、枪杀、服毒、吊颈等，均要火化后再捡骨入棺土葬，但一般不能入祖坟。如系夭折，则由老人用凉席、破布或木皮包裹后葬于草刺丛或山冲中。从江高安一带过去有把死亡的小孩用小棺木装殓，挂在大树上，叫“悬棺葬”。他们认为，小孩是夭鬼，命短，若以土葬，就不再去投胎为人。

子女给父母服孝为期一年（也有三年的）。给祖父母、伯父母、叔父、婶娘服孝三个月，妻子给丈夫服孝多为三年。服孝期内，家人一般不参加婚礼，男不娶，女不嫁，不出远门，也不参加娱乐活动。

五、信仰民俗

信仰源于原始社会时期，人们对千变万化的自然界和人体本身的构造及某些奇异现象，如梦境、生老病死等无法解释，及对自然灾害的无法预测和抗拒，使人们认为自然界有某种神秘的力量在操纵，从而把这种力量看成是超自然界的具有意志的东西并加以人格化。在人们看来，只要对这种神秘的力量采取相应的方式，诸如祈求、膜拜、祭祀、禁忌等，就可影响或作用于人或自然界，达到人们所需的愿望或目的。这些方式随着历史的发展，逐渐相沿成习，并形成了异彩纷呈的民俗事象。

宗教信仰

侗族没有形成专一的宗教信仰，民间宗教信仰以原始宗教为主，自然崇拜极为普遍。侗族民谚说："老树护村，老人管寨"。在侗族人看来，山、水、花、草、鸟、兽、风、雨、畜禽、雷、闪电、巨石、太阳、月亮、土地、树、洞穴，甚至对生产生活影响较大的桥梁、井等等，都有某种神秘的力量在操纵，从而将它们视为神灵并加以崇拜。太阳、月亮光辉熠熠，人们的生产生活离不开它们，因而不能手指太阳、月亮，不能面对太阳、月亮随意大小便，不能咒骂它们，否则神灵会动怒、庄稼会歉收、人畜多病多灾。在许多地方的村寨外、路边，或垒土祭祀，或设有专门的牌位祭祀土地神，因为它关系到人畜的平安、作物的丰歉、地方的安宁，并对猛兽具有威慑的功能。所以每逢戊日和“土王用事”日，不能动土，并要给予专门的祭祀；建房盖屋得择吉日祭祀土地神后，方可动土挖基，完工后还要“谢土”。水是万物生命的源泉，没有水，人将无以为生、作物无以生长、大地将干涸坼裂。因此，新年到井边、河溪边汲水，先要烧纸焚香祭拜，祈祷水神带来福佑，而后汲水回家；下河抓鱼亦要先祭祀水神；新娘首次挑水，需先祀“水神”，才能挑水回家；天旱要打醮求雨。榕江车江一带妇女，每年正月择一吉日，鸣锣传众，自备酒菜，到井边敬祭，席围聚餐，而后手牵着手，绕井“多耶”，颂赞水井带来的幸福，祝愿井中之水源源长流，四季清凉。山是侗族群众重要的生产和生活场所，由山神掌管。进山伐木、烧炭、猎物，要祭祀山神，祈求它的护佑，对山中树木亦不能乱砍滥伐，否则会得罪山神，败坏风水，招致祸害。对于能给人带来光明、温暖和灾难的火，侗族人同样敬畏有加。每到年终腊月，人们常要买猪敬祀火神，以求吉除邪。如果村寨失火，大火扑灭后，要举行“倒火堂”祭祀仪式，在场众人祭祀完毕方可离开，否则将使“火殃”蔓延。桥是人们涉水过河的主要工具，对于生活在河溪沟边的侗族来说，是人们日常生活不可缺少的一部分，故大家对它也是敬畏有加。镇远一带的侗族有专门的“敬桥”祭祀活动。架桥前要请阴阳先生测定方位，并焚香烧纸，供祀鸭、酒、肉等。每年农历二月初二，还要以鸭蛋、酒、肉、粑粑等祭献，祈求桥赐福消灾。至于寨边路旁的古树、巨石等，亦不能乱砍滥采，否则会犯伤“龙神”，败坏“风水”，逢年过节均要祭祀，祈求护佑。

鬼魂崇拜包括鬼神崇拜和祖先崇拜，它源于灵魂不灭的观念。侗族不仅相信世间的许多动植物有灵魂，而且认为每一个人都有灵魂，人死后，只是躯体离开了阳世，而其灵魂不死，它们仍左右着人世间的生活生产，可以给活人带来幸福快乐，也可以带来灾难痛苦，而且灵魂还能转世投胎，重返人间。因此，人死后，要超度其灵魂，要时常祭拜，以趋利避害，求得子孙后代的安宁和幸福。在侗族人家，堂屋后壁正中多设神龛敬供（有的在屋内一角设祖先神位），年节更是香火不断。平时，不少人家饭前也要请祖先受用。每至清明，合家或合族都要上坟祭扫，祈求保佑。农历七月中旬，俗称“鬼节”，许多地区的侗族都要祭祀祖先。天柱侗族还煮油茶祭祖五天（七月十一到十五日）之俗，届时，焚香烧冥钱，晚上进行“跳桃源祠”的娱乐活动。镇远地区的侗族每年都要对本姓祖先进行一次集体祭祀活动，或在清明节，或在农历六月初六。届时，全族按户集资买肉、酒、香、纸钱等，由一位德高望重的长者主持。桌上摆着族谱和祖先开基人的神像，供上祭品。主持人向全族人宣讲本族的历史，并祈求祖先神灵保佑全族人安康，五谷丰登，人畜兴旺。镇远报京的侗族则是以“吃牯脏”的方式进行祭祖活动。时间一般在“未年”和“子年”。祭祖这一天，不分姓氏家族，不管大寨小寨，只要是侗族均可参加。同时规定，这一天不准办婚事、不准吵架、不准酗酒闹事，否则视为对祖宗的不敬，将因此而受惩罚。“吃牯脏”事先选定“吃牯头”。“吃牯头”设一正一副，由某一姓氏世袭，不能变更。正牯脏由周姓担任，副牯脏由刘姓担任，只能换人，不能换姓。“牯脏头”必须是为人正派善良，夫妻双全，家境状况良好，男女人丁兴旺。若前任“牯脏头”妻死子亡，则不能再继续担任，需再推选一位具备条件者继任。祭祖当年，牯脏头要组织人员准备一切事宜，如召集各房族会议，购买牛（水牯牛，一般 12 头）、肉、酒、年粑等。届时，要进行斗牛活动，杀牛吃唱三天，场面甚大。由于花费较大，现已很少进行此活动。明清时期，许多侗族地区的姓氏还建有家祠，设置祠田，春、秋两季祭祀列祖列宗。新中国成立后，家祠多已废除改作他用。鬼神崇拜在侗族地区也极为盛行。人们认为“神”是可敬的，它能保佑一方清静，四季平安，消灾赐福，如“灶神”即能给人带来祥福，故腊月二十三晚上要以供品“谢灶”，礼送灶神返回天庭；而“鬼”是可恶的，自己遭受的各种灾病均系鬼在作祟，它能勾人魂魄，致人遭灾，如有“生鬼”、“死鬼”、“饿鬼”、“猪鬼”、“猫鬼”、“灶鬼”、“吊死鬼”、“中毒鬼”、“瞎眼鬼”、“滚坡鬼”、“弄斧鬼”、“落崖鬼”、“断手断脚鬼”、“使刀鬼”等等。在遭受灾病之时，便备祭物对鬼进行供祭，祈求其勿再加害于人。

在一些侗族地区，还有图腾崇拜的遗迹。如有的家族被认为是“笨腊随”，意“蛇种”，即蛇的“根骨”，传女不传男。认为蛇是自己的祖先，村外遇蛇则认为是祖先显灵，不能打、惊吓；蛇进屋，视为祖先回家，要焚香烧纸祈祷。久旱不雨，土地干裂，要祈求“蛇神”显灵，兴云降雨。还有的家族被认为其祖先与牛同源，属于“笨腊国、腊秀想、南荡门”，即“水牛的根骨”，是正宗血统，高门旺户。要定期向水牛敬祭，如农历四月八、六月六等，届时要在牛圈门前摆设供品，焚香烧纸，祈求护佑、平安。①

在侗族所信仰的各种神灵中，其中以“萨”（祖母）为大，她被视为侗族的女始祖、女英雄，具有至高无上的权威。“萨”又称“萨岁”、“萨莽”、“萨安”、“萨灯”、“萨麻庆岁”、“萨丙”、“萨堂”、“萨麻天子”、“达摩天子”、“达摩娘娘”等，意即大祖母或始祖母、曾祖母、太祖母、先祖母等，是一个具有普遍意义、集合性质的抽象概念，是女性神灵崇拜的代称。据说她神通广大，能影响风、雷、雨、电、瘟等诸神，能驱邪禳灾，管治猛

① 贵州省地方志编纂委员会编：《贵州省志·民族志》（上），第355—356页，贵州民族出版社，2002年版。

兽，保境安民。所以人们常把她视为“社稷神”，大凡生产、生活中的大事、琐事都要祈求她的保佑，祈愿人畜平安、五谷丰登。新中国成立前，在一些村寨还有专门的公田，由主管萨母坛的人耕种，收获稻谷作为祭祀的费用。

“萨”神无所不在，所以又有管树林的“萨达”，管土地的“萨对”，管水井的“萨闷”，管人间事务的“萨样”，守桥头床头的“萨高乔、萨变降”，主偷魂盗魄的“萨两”，主制酒曲的“萨宾”，还有把守大门，防鬼邪闯入，护佑孩子平安的“萨林隋”，天花流行，保佑儿童安宁、脱险的“萨多”，促成男女恋爱和婚配的“萨彭”，护佑农业生产的“萨样岁”等等。

新建村寨，必先安萨坛或萨堂，有的地方叫“圣母祠”、“圣母庵堂”。大的村寨一般是一个家族或几个家族设坛祭供。榕江一带的萨坛有露天和室内两种。无论露天或室内的萨坛，都必须挖一个深1.3米、宽1米的穴，然后穴内安埋两口上下扣合的铁锅，锅内放萨的银像，像的四周放白米、茶叶、木炭、朱砂、五色线等物，以青砖或料石砌成直径3米的圆丘形墓，墓上铺一层白碎石，顶上栽一株四季常青的千年矮或松柏、十二月花、冬常青等，四周砌墙或置木栅栏围住，防止猪牛践踏。室内的即在坛顶上插一把半开半闭的大黑伞。从江等地还在伞周围陈设若干白色卵石和大葵扇一把、草鞋、船形布鞋、布袜子和衣裙等。

通道侗族的萨堂多建在寨中心，也有建在鼓楼边或寨头、寨边的，以显著位置为宜。建萨堂挖约1.7米深的长方形或四方形、圆形的眼井，仰放一口铁锅，再放入银质或非银质模型生活用具，如小锅、三脚架、碗、筷、杯、瓢、壶、剪子、坛、衣、裙等及纺纱织布的模型（纺纱机、织布机等），大锅的上面再覆盖一口铁锅，然后用土埋好，堆成约1米高的土包。土包上栽桂花树、千年矮或四季花。在萨堂的两旁和后方栽野葡萄藤或野刺。有的萨堂有盖屋保护，多数为露天。萨堂前一般还立石为记。安置萨堂，需选择吉日举行仪式，请阴阳先生开路，老人穿寿衣带头，青壮年吹芦笙，妇女穿裙举盘，到老萨堂处或桥头、河边、山脚、山冲接萨住堂，并烧香、敬茶、鸣放鞭炮。

通道目前 24 个乡镇中，有萨堂 64 个，分布于 15 个乡镇，以侗族聚居区年代久远的村寨为多，且多为新中国成立前建的。①

立堂安萨在一些地方又叫“安殿”，其仪式非常讲究和隆重。立“萨堂”之前要准备很多的吉祥物，如要一窝恰好九层的蚁房，象征先祖母——萨神的九层宫殿有千万蚁兵保护；要寻找一根长在刺蓬里，横盖过大路的野葡萄，象征着萨神像葡萄一样茂盛，荫护着侗家人；要一撮山冲中朽木里自生自发的细浮萍，象征着侗家人像浮萍一样，无论在哪里，都能生根发芽，生长迅猛；要一勺两江汇合处的漩涡水，还要一棵山里寻来的又高又直的无风自动草——蓍草（一种香料草），供奉在萨神前。另需在萨堂前栽一棵万年青，象征着萨神长生不老，长守此地，庇护着村寨的安全。此外，安萨堂前要封寨三天，寨门前悬挂着柚枝或草标，严禁生人进寨。全寨忌火煮食三天，只吃粑粑、粽子、酸鱼、酸菜等冷食。凡寨上出嫁的姑娘都必须赶回来参加。全寨人聚集在鼓楼进行讲款、弹琵琶、跳芦笙舞等活动。第三天，全寨男女身着盛装，聚集在萨堂房的芦笙坪上，听歌师诵《侗族远祖歌》，歌颂萨神的功德，祈求萨的护佑。然后集体唱侗垒词，内容主要是祈愿在萨的保护下，年年风调雨顺、五谷丰登、人畜兴旺。

安萨堂仪式后，家家户户从萨堂引火种回家，以“萨”赐予的幸福火种，点燃自己家的火塘。有的地方还要选一只没有一根

① 刘芝凤著：《中国侗族民俗与稻作文化》，第 49 页，人民出版社，1999 年版。

杂毛的纯白羊作为萨的化身，常年由人们供养，经过训练的白羊，每日挨家挨户登门“拜访”，家家户户都以最好的“禾糯饭”喂它，并修一座“萨房”供其居住。羊的两角钻孔，系上鲜艳的五色丝线，比拟太阳的五彩颜色。[①] 还有的村寨是以公鸡作为萨的化身。

萨坛有专人管理，叫“登萨”，一般是该寨的老户担任，多为世袭，也有个别是公推的。

侗族也有信仰佛教、道教和基督教者，但人数较少，影响亦不大。大约在明、清时期，道教、佛教已传入侗族地区。在一些侗族村寨，还设有佛庵和神庙，如清代天柱境内338寨，就有462处庵庙，庵内供奉释迦牟尼、弥陀、弥勒、观音、罗汉等菩萨偶像，僧尼主持，跪拜念经，常年香火不断。村寨庵堂由村寨各姓共修或分别修建，占有一定的田地山林，收租供僧尼生活及祭祀用。但侗民剃度为僧尼者极少。也有少数人在初一、十五、二十三吃斋。由于相信“因果报应”、“六道轮回”，民众亦乐于施舍，有难烧香敬佛，祈福许愿，以求消灾免难。道教信仰在侗族地区无道观，仅有称“道师”者尊玉皇大帝为最高神灵，敬奉三清（玉清元始天尊、上清灵宝道貌岸然君、太清太上老君），奉太上老君为教祖。他们多替人祈祷，禳灾除病，且多不脱离生产劳动。

此外，侗族还信奉龙王、飞山神、三王神、关云长、岳飞等神。过去侗族地区常见的庙宇有飞山宫、三王庙、关帝庙、武穆庙（岳飞庙）。关、岳二神除了设庙宇外，在各地的风雨桥的桥廊上都设有关公、岳飞的神位。他们认为，这些神都是善神，逢其忌日，要供品祭祀。

---

① 张世珊、杨昌嗣编著：《侗族文化概论》，第122—123页，贵州人民出版社，1992年版。

祭祀、占卜

□祭萨

由于侗族民间把“萨”视为能护佑人类、保境安民，能治天、治水、治地，除凶驱恶的至善至美之尊神，所以无论是天灾人祸、自然变异，还是社会活动、生产生活等，都要去“萨”神坛前祭祀、祈祷，求得神的庇护。故在侗族社会中，对“萨”神的祭祀活动最为频繁，规模也最大。过去有一年一小祭，三年一大祭，或六七年一大祭之说。一般而言，每年农历正月初一、十五，或其他过年过节都要举行小规模的祭祀，如普通祭、出行祭、战时祭、唱歌多耶祭等，而每年农历三月三的祭祀规模则较大。如遇天灾人祸等，也要举行祭祀活动。每举行大祭时，都要宰杀牛羊鸡，摆香案，放鞭炮，供酒、茶、肉、鱼、糯米饭等。据说，供祭的鸡、鸭、猪、羊等畜禽忌用刀杀，而是用水溺死。所用的猪还需是无杂毛的黑猪，因为黑色代表凶恶、灾祸，溺死猪，即意味着清除全年的灾病与不祥。溺猪需由三名精心挑选的同龄未婚男少年担当。除了祭祀活动外，还要举行一系列的活动，如吟诵祭祀词、唱侗垒、跳芦笙舞等，场面既肃穆又热闹。

普通祭。农历正月初一、十五或逢年过节，侗寨各家各户到萨堂烧香、敬茶、供肉、烧纸钱等。有的村寨有萨堂田产，则设有专人祭祀，每天早晚为萨堂敬香、点灯，祈求萨岁保护全寨人丁、六畜兴旺，五谷丰登。

出行祭。侗族村寨有相互邀请集体做客，寨与寨之间比赛芦笙的习俗。在集体出寨做客或比赛时，均要到萨堂举行祭祀仪式，求其保佑。

战时祭。如遇敌人来犯，全寨有作战能力的男女武装起来，到萨堂举行祭祀仪式，求其护佑，战胜敌人。

唱歌多耶祭。每年农历正月，各村寨男女青年有互访和赛歌、赛耶的习俗。在萨堂边或鼓楼坪赛歌、赛耶时，首先要歌颂、祭祀萨岁一番，以示对她的敬意。

萨神是侗族至高无上之神，但有时她也会离开萨堂的，若如此，则村寨就会遭水灾、旱灾、火灾等。在这种情况下，全寨人便在鼓楼前集会商议，举行迎接萨岁回堂仪式，并由祭师选择吉日进行。届时，祭师带领两个徒弟开路，两名青年女子穿盛装端着茶盘，男人吹着芦笙，其他妇女穿裙紧随其后。全寨人放着鞭炮，热热闹闹到河边或桥头、山冲将萨接回萨堂。①

因侗族分布地区广泛，对“萨”内涵理解的不同，在各地具体的祭祀仪式上也有差异。从江龙头乡宰门寨的侗族于大年初五祭祀萨神。届时，老人们穿上寿衣，妇女们穿上节日盛装，佩戴耀眼的银首饰，男人们举着擦得锃亮的猎枪。各家人在受尊敬的老人带领下，鸣锣开道，芦笙引路，燃放鞭炮、火炮，鸣响猎枪，向着田头走去。到了田头，老人主祭完后，男人们举枪鸣放，然后在田头扯把稻草扎在枪头上，表示已把敌人赶出家园，将象征敌人首级和胜利果实的稻草带回家中挂在前屋墙上，以示功绩。宰门寨的这一祭祀活动与侗族民间传说中的女英雄杏妮有关，即将杏妮演化为萨的化身。

榕江侗族的祭萨活动与宰门寨又有极大的不同。在榕江车江的萨堂，有一位专职的老人守香火。祭萨那天，他一大早就将萨堂打扫干净，并穿上寿衣在萨堂里为全寨人准备好甜树叶，烧上火，煮上吉祥茶。同时，寨人还要挑选一位口碑好、品行端正、勤劳善良、儿女双全且会持家过日子、家里人畜兴旺的妇女扮演萨的替身。对于替身的衣服和手中的茶，鬼师均要作法，以表明

① 刘芝凤著：《中国侗族民俗与稻作文化》，第51页，人民出版社，1999年版。

萨神已附着在这个老妇人身上。在老妇人身边还有五个伴娘，象征天将护萨神，法坛上有彩布包着的12根小木桩，象征着12个天神守法场。溺猪、鸡、鸭等畜禽的童男子也选好，并专门修了溺猪池子。待一切准备就绪，祭萨仪式正式开始。

不过，在车江侗寨，祭萨者多为女性，仅有德高望重的老阿公参加。届时，全寨15岁以上的少女、媳妇、阿妈、老阿婆（已婚者头上都戴着鲜艳的花朵）身穿节日盛装，聚集于萨堂；老阿公们则穿上寿衣，手拿一根或几根茅草，在祭萨队伍前引路，由芦笙开道。祭萨队伍先围萨堂转三圈，然后又围着寨子转一圈。转完寨子后，祭萨队伍来到鼓楼坪前进行多耶祭萨，大家边歌边舞，尽情欢乐。活动结束后，妇女们将祭萨的肉食带回家中，与家人共享。

从江侗族多在农历二月初七、初八进行祭萨。祭祀活动肃穆隆重。出嫁姑娘均要提前回娘家，随即封寨三天。寨门上挂柚枝叶，严禁生人入寨。这期间，禁止烟火，全寨人吃事先准备好的糯米粑粑和酸菜、酸鱼。人们集中在鼓楼“多耶”唱歌，吹芦笙，讲故事，缅怀祖母的功绩。大家都穿着民族盛装聚集于萨坛前，举行盛大的祭祀仪式。然后用火镰敲击火石取火，点燃艾叶，象征圣母给侗家人带来了光明和幸福。各家主妇将火种带回家生火煮饭，分享祖母的恩荫。

□祭土地、祭田

侗族一项频繁的祭祀活动。土地神在一些地区又分为土地公和土地婆，其职责均相同。每年农历二月左右，侗族村寨选择一吉日，合寨集资，买猪宰杀，备办酒席，请巫师主持敬祭仪式。先祭神，尔后村寨里的妇女身着盛装，簇拥着佯装作神、撑一把半开红纸伞的“登萨”家老妇人，在众父老和鸣金吹笙者开道下，燃三声铁炮，离村巡乡。每到一村，该村居民都要鸣铁炮、鞭炮欢迎，向来者一一敬茶水，将一枝黄杨叶插在头上，以示吉祥喜庆。然后众人又来到村寨边大田，举行祭田仪式。

田里已由巫师做好准备。他根据天时地利，选择一黄道吉日，在田边扎了一个简单的土地台，在上面摆上一升米，米上插有“值坛土地护教威灵众神之位”牌。升子前面摆一个香炉、一树彩色剪纸小旗、一台蜡烛；其后摆五个小酒杯，杯内盛有少许米酒。升子与小酒杯之间摆有一堆“三粑两豆腐”。周围用细竹竿挂着红红绿绿的标语式的请神帖。主坛师身穿法衣头戴法帽，一手拿着用粗铁条做成的形似乒乓球拍的招令牌，一手拿着牛角号。待祭田队伍到来后，他举号吹三声，芦笙、歌声停止，巫师开始了祭祀。其间有老者扮演土地神做农活，边做边唱边表演，队伍里几位一身褴褛、涂烟抹黑的小伙子也时而说笑，做些怪动作，乱蹦乱跳，逗惹众人发笑。之后，队伍回寨，合寨男子聚餐。祭祀活动就在神与人轻松愉快的“合作”中结束了。

为敬土地，立春过后五个戊日，不可破土动工，不然惊动了土地神，五谷不兴，影响丰收。有的还在地里垒一石堆，插一草人，象征土地神在守护。春夏播种，朝之敬香作揖，压几张纸钱在石堆上，祈求土地神保苗不受灾害。收获之时，亦敬献，以谢其功。或在六月初六早晨，携带祭品到祖先辟造的“母田”举行敬献仪式。在田边插一根高过禾苗的树枝，上挂几条黄、白色纸，以示其神在此守护。每至季节之首，为祈求土地神保佑庄稼丰收，有的还由一世袭老户，在春耕前择一吉日，于深夜赤身裸体，荷锄挑粪，到寨边田里挖地施肥，插株芦苇，燃香化纸，敬献土地。之后，其他群众方可开始春耕大忙。[1]

---

① 刘芝凤著：《中国侗族民俗与稻作文化》，第 86—89 页，人民出版社，1999 年版。

□祭龙神

锦屏一些侗族有一月敬龙神活动。活动之前，全寨各家各户集资准备祭献物品。捐献最多的三户被指定为社主和副社。第一户为社主，第二、第三户为副社。由社主和副社组织主持敬龙活动。开社期间，立幡杆于寨边各道路，示意外人不得进入。届时，由社主带领寨人向龙神下跪祈祷，求其保护乡民，人畜平安，五谷丰登。寨内七天不能断香火，一天三次上供品。用茶油和蜡点燃的香火有几百盏，供品为米元子、肉等。祭祀活动的最后三天，全寨斋戒，不得私下吃荤，只能用茶油炒豆腐蔬菜之类素食。最后由社主带玩龙队到各家，祝贺他们平安吉利。①

□祭祀“飞山祖公”

在新晃、从江等侗族地区还有祭祀“飞山祖公”的习俗。飞山祖公是指唐末五代时掌管诚州十峒的峒官杨再思。《武冈州志》峒蛮志载：乾宁四年（897），马殷初据湖南，靖州飞山峒“蛮首”潘全盛聚众起义，有“辰州蛮”宋邺为声援。潘全盛遣部属杨承磊攻陷武冈。马殷遣邵州刺史吕师周抵抗，于后梁乾化元年（911）攻破飞山，杨承磊等被杀，族人杨再思率兵归顺，封为诚州刺史，掌管十峒。清乾隆《贵州通志》卷二十亦载：“梁，杨再思，据诚州称刺史，然有功于民，土人尸祝之。宋追赠英惠侯。”以后，侗族人民为缅怀杨再思，在各地修有飞山庙，称杨再思为“飞山祖公”。每逢其生辰，新晃等地的侗族都要去庙里祭祀。

① 傅安辉：《九寨侗乡的祭俗》，见王胜先主编：《侗族文化史料》，黔东南苗族侗族自治州民委民族研究所印。

□打醮

侗族地区一项祭祀活动。每当出现旱、雹、虫、火等灾害时，周围数村寨群众要集资请道士主持，举行祭祀。打醮者在室外高设“神坛”，对天祷告，大醮念经道众多达数十人，为期3—7天。有的直到消灾为止。如遇干旱，求雨打醮以后，还要抬一条狗在村寨周游，沿路村民往狗身上泼水，谓之秽气冲天，促使天降大雨。20世纪90年代中期，榕江因连年干旱，致使庄稼歉收，车江一带的侗族群众即集资进行了一次规模极大的打醮。

□耕耩礼

即对神农的祭祀。侗族以水稻种植为农业生产之根本，稻谷的丰歉关系到家庭的兴衰、生命的延绵，所以大家对稻谷的种植极为重视，并衍生出祭祀神农，求其保佑五谷丰登的民俗活动，反映了侗族群众对丰收的渴望，对幸福生活的向往。每到春耕播种时，侗族人要选择一吉日在田间（一般为向阳的良田，如寨里的“鼓田”、“公田”、“活路头”家的田）一块适宜的地方，供上神农的神位，两侧站着寨老和乡官，服装师手执青旗立于东面，掌鼓者载器具立于西面，吹侗箫、侗笛、木叶者立于南面，摇铃者立于旗鼓之前。当司仪（一般是寨中长者、头人）将犁耙、牛鞭、供品设于神农牌位前时，耕耩礼即开始了。于是鼓乐齐鸣，歌声响起，司仪唱起了款词：

神灵都来吃酒，世人祈求保佑。
保你什么？保佑田中禾谷。
正月阳雀叫过，二月雷婆鸣天。
三月耙山动土，四月谷雨下秧。

五月扯秧插田，六月大薅小薅。
山上种旱谷，田里栽水稻。
山谷收成好，田谷收获多。
山谷茂盛如牛尾，田谷茂盛如马尾。
大丘田中谷成堆，小丘禾叶过田塍。
禾穗低头好摘，禾叶散开好剪彩折。
男人灵巧在塘边竖起禾晾，
女人灵巧备办禾剪镰刀去收割。
男人灵巧，备办千担挑，
白天挑不了，夜里挑不完。
大仓装满谷，禾晾挂满糯。
这禾穗一蔸就够吃一餐，
一石就够过一年。
吃不完，留来买布。
吃一点，留下换银钱。
聚银像山林，布多像树叶，
女的耳戴金银，男的身穿绸布。
(众合）吓！（是呀！)

神灵都来吃，世人祈求保佑。
保你什么？保佑禾秧同丘同长，
郎娘偕老同堂，家业兴旺。
积财发富，浸米发饭，
买马满山，买山满面岭，买水满田。
买上段，连中间，
上连下，下连上。
鱼多如撒糖，田塘如云天。
门户开，田地来。

父亲一代满屋场，儿子一代满村庄，
子孙一代散满乡。
件件都是九十九；
水牛黄牛马匹无数头；
鱼满塘凼猪满栏。
社农请先吃，我们后尝。
（众合）吓！（是呀！）

唱完祭词后，人人叩拜神农。之后人群中走出一人，驾起耕牛下田开犁，开犁后随即整地，寨老、乡官则拿着盛有谷种的“青箱”随后播种。往返播种一轮，称为一堆，九堆后，仪礼毕。播种时，所有参加者都要往南北方向来回走动行礼，以祈祷风调雨顺，五谷丰登。[①]

□开秧门

农耕祭祀活动中的一种，主要体现在对秧神的祭祀上。侗族人认为，要使五谷丰收，每年的开秧门极为重要，秧门开得好、秧神祭祀好，一年的禾苗就会顺顺当当地茁壮成长，无灾无虫无害，年底也会有好收成。开秧门的田一般选择“公田”或“活路头”家的田。祭祀时，先在田头摆上酒菜，焚香烧纸，敬秧神。为表达人们对秧神的敬重、对一年农活的重视和耕种农田的辛苦，求得秧神的护佑，“活路头”还要领唱《十二月种田歌》，众人随之合唱。唱完歌后，“活路头”先下田扯出第一手秧，众呼：“开秧门喽！”接着，其他人下田扯秧，并用三根秧苗揉搓双手，以免浮肿发痒。插秧时，能手在前拉直行，其余人在两旁一字排开，各插五六株。这一天，家家户户杀鸡宰鸭，吃糯米饭、合垅

① 湖南少数民族古籍办主编：《侗款》，岳麓书社，1988年版。

饭，妇女们将叶子粑插在田头，以谢秧神。黎平肇兴一带还要给新媳妇送插秧礼，如糯米饭、咸蛋、肉等，共同祈愿日后的丰收。

如果说祭祀是人想通过对神灵的祈求来达到禳凶趋吉的目的，那么占卜则是通过人的某种行为或活动来对神灵施加影响，以除恶禳灾，求得祥福与平安。在侗族社会，对未来事情的吉凶往往采取占卜之术来预测，主要有卦卜、蛋卜、鸡卜、草卜、米卜、衣卜等。如过去从江高增、西山一带侗族在祭祀萨玛时，要举行鸡卜。其法是：每年正月初七日开始敬祭，先让寨老入席就座，尔后由“执事者”念念有词，焚香烧纸，设神食于前，置双刀于两旁，即于寨中任意捉只小鸡，拔掉腿上的皮肉，视其骨，以定吉凶。

禁　　忌

侗族禁忌较多，大致可分为生产禁忌、婚姻禁忌、生活禁忌、妇女禁忌等，是为了避免不吉祥事情的发生而采取的某种消极防范性手段。

□生产禁忌

立春后，禁止在“活路头”起活前动土。栽秧时，要“活路头”先开秧门，禁止其他人擅自开秧门。农历四月初八是牛的生日，禁止用牛犁田，否则会触怒牛神。立春后五个戊日，忌动土、挑水、扫地、纺织、做针线活、洗衣被、动刀。立春忌响雷，早晨出门干活忌唱歌、吼叫。春雷后每隔 12 天为忌雷日，二月、九月的丑日和未日忌下种，四月、二月申日忌犁田，播种、插秧期间忌吹芦笙，渔猎时忌带肉食品作午餐，捕鱼忌捕群鱼，上山伐树拉木，忌煮夹生饭。忌庄稼生长异常。农历立夏前第十八天的戊日，忌动土、下田、进菜园、织布，可到鼓楼坪上闲坐，或玩山、赶坳、走亲戚。忌耕牛生仔后被穿草鞋的人和生人看到。初教牛耕田，忌被“四眼婆”（孕妇）看到，否则牛不听使唤。出门干活，忌听见乌鸦叫。忌坐木匠的木马头。春分忌入菜园。木匠、石匠、铁匠、民间草医、道人、掌坛师忌吃狗肉、羊肉，否则做事不灵。上山砍柴，忌大声说话。上坡下苕种，忌在沙土边剥苕吃，以免老鼠和老鸹来啄吃。霜降前，在规定的时间里不许乱捡别人的油茶籽、桐油籽和棉花。

忌撑船、放木排将筷子架放在碗上。

居住在剑河地区的侗族进山伐木，还有专门的禁忌：

择日子。进山采伐大片未曾开采过的林木之前，要先请先生择一吉日，忌凶杀恶丧日进山。

开山。砍伐前要推选有经验有能力的人做“工头”，其他人则称“木夫”。在择吉日内由工头领队进山，选搭住棚和准备好煮饭的锅灶。然后由工头持斧砍倒三棵树，谓之“开山”，之后，其他人方可动手伐树。

上棚。开山第二天（天气不好可推迟），木夫上山砍伐树木叫“上棚”。在路上、山上都不准讲不吉利的话，最忌“鬼”、“死”、“鬼打的”、“挨刀的”等不吉利话。出工干活，工头不喊人，木夫们见工头一出棚，就自觉跟上。进山后，火堆称“亮堂”，抽烟称“烧灰”，柴刀称“叶子”，锄头称“佝偻子”，不能直接称呼。在工棚里说话，吃饭称“开锅”，吃早饭称“开早锅”，中、晚饭类推。舀饭时，要从锅中间舀起，第一勺饭不能放进碗里，只能先放在锅边，第二勺开始才能放进碗中。拖运木头时，如遇危险之地或曾拖木头死过人的地方，要先烧一炷香，以乞求“山神”保佑不出事故。砍伐、拖运结束，称为“天高”。

如果有人要问多久完工，回答：“三个月，”实际为三天。若实际还需一个月，则回答“一年。”总之，不能告诉实话。

□婚姻禁忌

忌与不好族源人家通婚。锦屏九寨侗族忌同姓通婚。禁忌丧偶者、孕妇去讲亲接亲。姑娘出嫁，忌穿盛装，只能穿旧衣、草鞋（镇远）。新娘进郎家门，忌与新郎家人碰“热面”。私奔姑娘忌从别人家出门，违者要放炮挂红，以示修赔。陪嫁忌刀剪等利器及钟。新婚洞房忌有“四眼婆”（孕妇）。接亲时，忌两路新娘相遇，忌红白事相遇，忌雷鸣，忌蛇横路。忌借屋结婚。父母死，忌孝期内结婚。姑娘出嫁，忌其身体触门，以防“拖禄”，将娘家福气带走，忌回头，忌与外人见面说话。

忌“寅”年嫁娶，忌正月、三月、五月定亲、结婚。

接新娘，忌看见孕妇或孕妇拦路。新婚之日，忌打破杯盘和煮夹生饭。

□生活禁忌

忌非正常死亡者停放在堂屋，只有经火化后方可。忌别人夫妻（包括已婚女儿和姑爷）住宿，否则会对兄弟不好。忌动别人打标之物。忌砍烧风景林。忌父兄入儿媳、弟媳卧室。正月初一忌扫地、买东西。忌母鸡司晨和公鸡晚上鸣叫。忌事快成功时受恭维。忌碰到死禽兽。忌踩生。忌见蛇相交、脱皮。忌野生动物进家。忌见人相交。忌房屋自动发出声响。忌生怪胎。产妇忌在娘家或别人家分娩。忌挑大粪滚倒。忌直呼长辈姓名，否则视为不孝，无家教。在家与客人坐，女忌叉腿，男忌跷脚。忌男摸头，女摸腰。忌踩灶、踩饭、踩字纸。忌牛进堂屋。长辈尚在，忌本人寿庆。家里孵小鸡时，忌在火塘里架锅烧空水。在身上补衣服，忌讲话，否则日后易生口舌（吵架）。家做甜酒，忌遇

“四眼婆”。小孩忌食笼里的家禽及软鸡蛋，忌食猪尾巴，忌食鸡肠子，否则以后做事会落后或像鸡肠那样缠绕不清。未婚青年忌吃猪脚，否则将来要结几次婚。春社吃社饭时，忌吃菜泡汤，否则要肚子痛，田坎要崩塌。酒席上，忌酒壶嘴对着客人。吃饭时，忌把罐盖久久打开，否则会致家贫。未满18岁男女青年忌吃鸡血，否则遇事会红脸，遭人误会。棺材忌用春木。除夕忌说不吉利话。大年初一忌吃药。正月初三忌出行。清晨出门忌遇猫，否则凶多吉少。出门前忌打破碗或吃夹生饭。忌上山捡着鸟，下河拾得鸡。出门采药，忌遇见“四眼婆”。江湖郎中出门行医，忌遇见的第一个人扛锄头、钉耙，否则会医治无效。修屋立柱，忌用“破日”。七月十五忌出门，尤其是晚上，否则会凶多吉少。出门做客，忌随地吐痰。梁木忌跨越，柱子忌沾猪血，否则视为不吉利。建屋竖梁，忌说“倒”、“败”。建新房忌逢村内死人，忌用雷击杉树为建材。不准砍风水树。不准破坏公共财产。忌猪牛在水井旁、萨堂边拉屎撒尿。忌小孩到萨堂嬉戏。出猎时，忌看见孕妇或正在梳头的妇女。忌在房内或收割时在田里吹口哨，忌在吃饭时伸懒腰。家中有病灾请巫师祭鬼，忌外人入宅。

平时进餐忌敲碗筷，忌食喜鹊、乌鸦肉。

家有新生的猪崽、鸭崽等，忌生人或外来的客人入内。

□妇女禁忌

忌产妇进入别人家。忌妇女跨过男人衣帽、扁担。女人内裤忌晾在当门和过道上。忌孕妇触动死者，否则会使死者到阴间增加罪过。忌妇女坐在大门和男人的器物上。斗牛时，忌孕妇从牛王面前经过，其夫亦不得加入斗牛队伍。忌出嫁姑娘在娘家生育。家有孕妇，忌打土、打钉。孕妇忌站在砍柴人面前，以免胎儿破相。妻子怀孕，忌丈夫给别人抬丧，否则会伤元气，影响胎儿正常生长。婴儿烧伤未愈，母亲忌食辣椒，否则孩子会破相或手脚痉挛。孕妇忌吃葱蒜、羊肉、牛肉，否则孩子会得狐臭，变成哑巴。产妇见青不吃，否则会触犯土地神、牛神，因为与它们争食。

若不慎犯忌，要请鬼师来作法，驱邪除晦，以求安宁。

六、口承民俗

口承民俗即民间文学，它是各民族群众社会生活的一个重要组成部分。由于没有本民族创制的文字，对于侗族人民来说，民间文学不仅表达了他们的喜怒哀乐，同时也传承了他们的历史和文化，是中国少数民族民间文学宝库中不可多得的瑰丽奇葩。侗族口承民俗绚丽多彩，题材多样，内容广泛，涉及他们社会、历史、文化、生产生活的方方面面，主要可以分为神话、民间传说故事、诗歌、款词、谚语和谜语等。

神话传说

侗族的神话反映了古代侗族先民对天地万物、人类起源的解释，反映了人同自然和野兽的顽强斗争，歌颂了英雄们的业绩，表现了他们面对大自然的强大威力，不屈不挠的大无畏气概，以及对自己劳动成果的赞美和自豪感。侗族神话有韵文体和散文体两种形式。同一主题往往以多种形式来表现。韵文一般有汉字记侗音本可依，较为定型；散文体由讲述人任意发挥，变异较大。从现今流传的神话来看，以创世神话和英雄神话为主，如有人类、事物起源神话、开天辟地神话、救太阳神话等。在这些神话中，不少是以古歌的形式传唱下来的，如人类的起源和开天辟地即是。

人类起源神话以《洪水滔天》、《棉婆孵蛋》（或叫《龟婆孵蛋》)、《章良章妹》流传较为广泛。在侗族《起源之歌》中讲道，开天辟地之后，有四个龟婆来孵蛋，孵出诵摁（男性，亦译松恩）和诵藏（女性，亦译松桑)。他们不仅是人类的祖先，也是动物的祖先，其中只有章良和章妹是人类。为了改变人兽相居的状况，章良和章妹放火烧山，赶走了其他动物，也惹怒了他们的姐妹雷婆。雷婆与章良和章妹进行了大争斗，后来雷婆上天发洪水，淹没了大地，章良、章妹躲到葫芦里，避开了洪水。当洪水退后，大地一片荒凉。章良和章妹为了繁衍人类，兄妹俩只得隔山滚磨石相婚，没想到生下了一个肉团。气急的章良和章妹将肉团砍碎，丢到了山林里，结果被砍碎的肉团变成了汉、侗、苗等民族，人类从此繁盛起来。古歌唱道：

有四个龟婆来孵蛋，龟婆孵蛋在溪边。
因为溪边地势不好，四个蛋坏了三个，有个白蛋孵出诵藏。
诵藏娥眉笑眯眯，娥眉育藏眯眯笑。
地上世间有了一个人，一个人在世间太孤单。
龟婆孵蛋在坡头，因为坡头地势不好，
四个蛋坏了三个，有个白蛋孵出诵摁。
诵摁佳男笑嘻嘻，佳男诵摁嘻嘻笑。
混沌世界就这样开始，男男女女不断来到世间。

诵摁和诵藏结合，生了12个子女，他们是虎、熊、蛇、龙、雷婆、猫、狗、鸭、猪、鹅和章良、章妹。章良、章妹“嫌家庭不好，人不能与禽兽共处”，于是二人定计，约兄弟姐妹们上山比武，胜者为兄姐，败者为弟妹。兄弟姐妹们到齐后，章良和章妹便放火烧山：

章良、章妹放起火，火焰照红了山坡。
浓烟入云，火焰冲天。
父母心里难受，呼儿喊女声回山谷。
猛虎进山，龙入江。
长蛇入洞，雷上天。
高声叫，低声呼，父母心上不放心。
火势凶猛难逃命，父母为子女丧生。

雷婆逃上了天，发誓要为父母兄弟姐妹们报仇。
云起天昏，风起地暗。
雷声隆隆，大雨哗哗。
雷婆叫蛇堵塞水井，叫龙截断河道。
洪水滔滔，天下昏昏。

洪水退后，“房屋良田都冲尽，人畜死得不留根。只见泥沙深万丈，不见世上半个人。”章良、章妹决心重创世界。

章良出门去找伴，章妹出门去寻侣。
兄妹同出门，各往一方去。

章良来到九曲崖，抬头望见大榕树。
有只大鹰，章良把话问：
你飞高空看得远，哪个地方还有人烟？
母鹰说它飞得高，四方不见一个人。
回去跟妹结夫妻，以后才能有人群乡村传。

章妹走过龙塘井，抬头看见老枫树。
有只母鹰对她讲：

我们飞得高看得远，不像燕雀只能看近处。
不见村寨人迹只剩你们俩，
快回家去跟哥讲，共个火塘结夫妇。
……

担心得罪天，又愁得罪地。
谁见兄妹结伴侣，哪有兄妹做夫妇。
山头滚磨问天意，
两片磨石滚到山脚自相合。
隔河点香香烟绕成股，
兄妹相追逐，绕着葫芦追不上。
乌婆又把主意出，让章良转身才抓住。

兄妹成婚后生下一个肉团。有的描述为“有头无鼻，有脚无手，有头不会看天，有脚不会走路”，“呼他不应，喂他不食”。父母“实在没有希望，实在没有办法，砍成碎块放箩筐，把肉丢进山林。”第二天，“山上山下，河边溪头，人声笑语，炊烟浮游。”原来：

肠子变成汉人，
汉人善思，
汉人聪明，
第一句话会叫“妈”。
骨头变成苗人，
苗人强悍，
苗人勇敢，
第一句话会叫“咪”（母亲之意）。
肌肉变成侗人，

侗人老实，侗人温和，
第一句话会叫“内”（母亲之意）。
置汉人在城市，
置苗人在山头，
置侗人在乡村，
造了千千万万个姓氏，姓姓繁衍无数人，
天下世界安居乐业。[①]

流传在湖北宣恩侗族的人类起源神话又说，相传很古很古的时候，世界上一片荒凉，渺无人烟，只有一个小姑娘。一天，她在野桃树上摘了一个桃子。把桃子切成七片，对着桃子吹了一口气，桃片就变成了小孩。这七个小孩出世后，天降大雨，洪水齐天，其他五个小孩都淹死了，只剩下章良和章妹两人传人烟。

《起源之歌》中还讲到了事物的起源。传说星郎为事物之源，自然界的许多事物都是由星郎的部分身体变成的。话说星郎体格健壮，食量惊人，声音如雷，异于常人。父母为之叹息，亲友视之如怪物，终于被砍杀。死后，他的肝变成游鱼，脾变成芋头，骨变成螃蟹，脑变成地蜂，眼睛变成鹞鹰，鼻子变成狗，苦胆变成酒，手指变成辣椒等。又说火是生长在神仙境界，是由雌雄两性结合产生的，章良用接起来的竹竿将火引到了人间。马是天上掉进海中，有一个叫吹脱的人将它救起，并驯化为人服务。杉树则是燕子到南海拿来的树种：

燕子绕山寻杉种，
飞过千个坳来万重坡。
千山万坳找杉种，

① 杨权编著：《侗族民间文学史》，中央民族学院出版社，1992年版。

发现了楠种发白杉种灰。
燕子想取取不到，
它从树梢掰下树枝才把杉种球儿取回。

得了杉树种，得了杉种来侗乡。
拿到山冲去种植，栽在岩石旁。
根茎像水桶，树干像庞桶，
树枝像大腿，杉果像烘炕。

再请甫累去栽杉，甫累栽杉甫卑来施肥。
甫卑施肥杉木长得快，杉木长满山山岭岭尽良材。

流传在从江的《章良章妹繁衍人类》神话说，章良、章妹不仅是人类的祖先，也是事物之源。话说章良、章妹将肉团撒进山林后，肉变成侗人，肠变成汉人，骨成变苗人，心变成瑶人，脚变成壮人，头发变成青苔，牙变成老鼠，血变成溪河，嘴变成老虎，两眼变成星星和月亮，两耳变成香菌和木耳。

开天辟地神话流传较广的是《盘古开天地》。流传在贵州三穗一带的神话说，天地原来是一大团滚滚烫的浓浆状物体。后来慢慢地变凉、变干、变硬，但仍然是一个大团。不知又过了多少年，这团又大又干又硬的东西上渐渐有了人。人们在上面生活着，觉得太空荡了，盼望上面有个盖的东西。当时有两个巨人，一个叫张古，一个叫盘古，都力大无穷。他们听了人们的议论就到处查看，发现这团东西上有条裂缝，就把它撕成了两半。张古用头顶住一大块，盘古将撕下的一半提起四角撑住。人们于是把上面的叫天，下面的叫地。又不知过了多少年，人们发现天太宽，地太窄，很气闷。于是，张古和盘古又来挤天挤地，挤成了天地一样宽，也挤出了大大小小的包，这就是山坡。本来张古和盘古打算将这些包削平，结果鸡一叫，他们只得上天，留下了世间众多的山坡。

在侗族古歌《开天辟地》中则说，天地起源于混沌朦胧的大雾。后来大雾发生了变化，发展为天地万物，轻者为天，重者为地。还有的说盘古开天辟地，盘古创造万物。他们生下了天王十二兄弟、地王十二兄弟、人王九兄弟。古歌唱道：

> 天王十二兄弟，造出乌云遮天，造出雾罩遮地，造出太阳巡天府，造出月亮照九州。还造了一个雷公，住在半空中，白天替我们驱妖，夜晚帮我们搜怪。天干旱时为我们造雨，地潮又为我们天晴。天王十二兄弟最大就是雷王。
>
> 地王十二兄弟，置下山坡千千，置下绿林万万，置下五大名山。这才有五柱撑天，天高地远。又置下江湖河海，急流险滩，让龙王住在深潭，让鱼虾住在浅滩。使万物各有所处，使天地从此分明。
>
> 人王九兄弟，创造男女千千，人群万万。

流传于三江侗族地区的《救太阳》，以优美、富于幻想的词句，诉说了一个生动的神话故事，反映了侗族先民战胜残暴势力的大无畏英雄气概，以及对美好生活的向往和追求。传说很古的时候，没有白天黑夜之分，太阳是不落的，一年四季日夜普照大地，抚育万物，年年十倍收成。可是，地下有个恶鬼商朱，专靠吃人养命。他怕见太阳，一见太阳就浑身发软，两眼发黑。他恨透了太阳，就打了根大铁棍，从肯亚山下伸出来把太阳的金钩打断了。太阳坠落地下，顿时天昏地暗，凄凉万状。恶鬼就更猖狂地喝着人血，吃着人肉。它的笑声在哪里，哪里就有人们的哭声，哪里就听到死亡的惨叫。就在这个时候，有一对勇敢的兄妹挺身而出。兄名叫广，妹名叫扪。他俩带领人们造了九百九十丈高的天梯，搓了三千三百三十丈长的麻绳，然后两人分头去寻找太阳和挂太阳的金钩。广在天上找，扪在地上摸。当扪摸到了太阳，并用麻绳套住时，却被恶鬼商朱发现吃掉了。广在天上找到了金钩，把麻绳套在金钩上，乡亲们同心协力终于把太阳重新挂到了天上。可是太阳已经失去了明亮的光辉。广又背上风水炉到天上去炼太阳。在他的努力下，太阳又恢复了光辉。在阳光的反射下，恶鬼商朱捂着眼睛到处乱蹬，被人们你一拳我一脚地打死了。从此，人们又回到了宁静安乐的生活时代。①

民间传说故事

侗族的民间传说故事题材广泛，内容丰富，主要有事物来源的传说故事、历史人物传说故事、风物传说故事、爱情传说故事和动植物传说故事等。

□稻谷来源传说故事

侗族是一个稻作民族，几千年的种稻历史，不仅使他们形成了高超的育稻、植稻技术，而且也形成了丰富多彩的稻作文化，其中有关稻谷来源的传说故事就是表现之一。《青蛙南海取稻种》和《狗渡海取谷种》是两则流传较广的有关稻种来源的传说故事。

《青蛙南海取稻种》主要流传于南部侗族方言区。相传燕子和青蛙不知从哪儿听来南海边有稻种的消息，都争着要去取稻种。燕子自恃有飞高去远的本领，认为只有自己才能取来稻种，

① 杨权编著：《侗族民间文学史》，中央民族学院出版社，1992 年版。

根本看不起青蛙。青蛙想：我有四条腿，不怕风雨，只要坚持，总能取到。他们结伴同行。头一两天天气晴朗，燕子展翅高飞，远远超过青蛙。他不耐烦地对青蛙说："明天你先走吧！让你先爬三个月，我在后面赶你，免得老是等你，真烦人。"第三天天下起了雨，燕子真的停下来安心睡大觉，心想：反正总是我先到南海。青蛙却冒雨出发，真是任凭它风吹雨打，一心一意南海行。半路上它经过芋头地，计上心来，摘下一片芋叶放进河里水面上，自己跳到上面。芋叶随着急流飞驰而去，一天一夜就漂到了南海，取到了稻种。回来的路上，靠狗的帮助，将稻种泅过河；又靠蚂蟥的协助，将不慎掉进深渊中的稻种拿上来。当他回到一个多月前和燕子分手的那个地方时，燕子还以为青蛙知难而退了。当他看到青蛙取回的稻种时，羞得满脸通红，内心也不得不暗暗称赞青蛙。

《狗渡海取谷种》主要流传于侗族北部方言区。话说遥远的古代，当洪水退尽后，世上只剩下章良和章妹两兄妹。他们结婚后，人烟渐密，但却找不到谷种。一天，从东方飞来一只鸟，落在寨边的树上叫，告诉人们东方可以找到谷种。这只鸟就是后来催春的布谷鸟。于是，大家决定要狗去东方取谷种，因为狗走得快，会游泳，又耐饿。狗翻山越岭涉水，走了七七四十九天，又走了八八六十四天，再走了九九八十一天，走到了一个大海边。他向打鱼人打听，打鱼人告诉它：谷种在大海那边，不仅守得很严，就是拿到手，海水茫茫也难拿过来。别人试了很多次，还死了几人，也没有取到。

狗听说后，没有被吓倒，毅然下海泅渡。经过几个日日夜夜，终于游到了对岸。它趁看守人不注意在谷子堆里打了几个滚，浑身沾满了谷子，站起来就跑。这时，后面有人追上来了。跑到海边，它急中生智，翘起尾巴跳入海中，又拼命游了几天几夜，才回到这边岸上。可是，除了尾巴外，身上的谷子全被海水冲洗掉了。

在回来的路上，见到它的人都要求分谷种。狗每人都送一粒。经过七七四十九天，八八六十四天，九九八十一天走回家乡时，只剩尾巴尖上的那点儿谷子了。侗乡的谷子就是那条狗辛苦找来的。从那以后，每年过尝新节时，人们总是要把尚未成熟的鲜嫩谷穗和饭拌在一起让狗先尝，以表示对狗的感谢。

□历史人物和机智人物传说故事

侗族的历史人物传说故事多与保卫和开发家园有关，通过这些传说，表现了侗族先民不畏强暴、艰辛，与恶势力作斗争的英勇事迹，对美好生活的向往和追求；机智人物故事则多与反压迫、反剥削有关，这些人物运用自己的聪明才智，讽刺、嘲笑和惩罚了某些上层人物的代表，揭示了他们贪婪、吝啬、狠毒、愚昧无知的丑恶嘴脸。流传较广的主要有《杨太公救飞山》、《杨应天收云雾》、《李元华》、《吴勉的故事》、《吴勉王赶石》、《雒神砍日》、《姜应芳的故事》、《陆大汉的故事》、《甫贯的故事》、《陆本松算账》、《开甲的故事》、《撒谢》、《晚崽舅的故事》、《哥旦的故事》、《九秀的故事》、《婆娘退乱匪》、《杨玉山》、《聪明的长工》、《长工戏财主》、《南洞司风云》、《红袍后生》、《独女选夫》、《癞蛤蟆与长工》、《杨聪龙》、《卖柴汉》、《长工的故事》、《开神哥的故事》等。

《杨太公救飞山》约产生于唐朝末年宋朝初年，广泛流传于靖州、绥宁、通道、三江、黎平、芷江、新晃等县的侗族地区。相传古代叙州有四位豪杰杨太公（杨再思）、潘大虎（潘金盛）、杨神雷（杨承磊）、姜士奇（姜师益），个个武艺高强，主事公道。后来，四人结拜为兄弟，并通过比武推举杨太公为大哥。不久，他们各奔东西创家立业，很快成为各方首领。潘大虎居住的飞山洞由于歉收，人民生活艰难。潘大虎听说武冈州官员搜刮民财，据有金洞银库和碧玉簪，便率兵攻打武冈州，想夺取财宝，赈济百姓。不想久攻不下。过了一年，他又邀杨神雷一起攻打，也没有成功。朝廷闻讯，遣吕细鸠（吕师周）带兵剿杀，血洗飞山洞。潘大虎和杨神雷在抗击官兵的战斗中壮烈牺牲。杨太公闻讯，飞兵营救，吓跑了吕师周。飞山洞人民才免受更大的灾难。从此，飞山洞在杨太公的保护下，社会安定，人民安居乐业。

《杨应天收云雾》大约产生于宋末元初，主要流传于湖南新晃和芷江、贵州玉屏以及湖北宣恩、恩施、咸丰等地的侗族地区。相传古时候的新晃、芷江一带，整天雾气沉沉，遮天蔽日，一年到头见不着太阳，地里也不长庄稼，树上不结果实。住在这里的吴、姚、龙、谢四姓人家都盼望能消除云雾，见到太阳。由于小鸟的指点，吴姓族长吴世万来到靖州飞山寨，找到了一个名叫杨应天的六七岁孤儿。吴世万带着杨天应回到新晃中寨。杨天应得知他们找他来驱赶云雾，就想到了只有找到出雾的口子，把口子堵住，才能把云雾消除。于是，他翻山越岭，涉水过河，去找出雾的口子。后经小鸟的指点，他把通天树剥成长杵担，找到了出雾的裂缝，用杵担撬裂岩石，堵住了雾口。顿时云消雾散，晴空日出。从此，新晃、芷江一带肥沃的土地上，风和日丽，鸟语花香，禾壮果硕。

《开甲的故事》主要流传于北部侗族地区，开甲是一个聪明机智的人物，他的故事较多，不愿帮财主干农活就是其中之一。话说有个财主对长工特别苛刻，许多人都不愿到他家干活。一天，财主找开甲去给他干一年的活。开甲答应了，并提出了三个条件：第一，退屁股走路我不干；第二，四方帽子我不戴；第三，三人同走我不走。财主想：哪有退屁股走路和戴四方帽子的？不三人同走也无关紧要，就满口答应了。转眼到了插秧季节，财主叫开甲去插秧，开甲说："我讲过，退屁股走路我不干!”财主哑口了。到了打谷子的时候，财主叫开甲扛谷桶去打谷子。开甲说：“不是说过了吗？四方帽子我不戴!”财主又哑口了，只好改口说：那你去把谷子挑回来。开甲说：“老板，你答应的条件又怎么忘啦？我说过，三人同走我不走嘛!”财主说不过他，只好按协定办事。

□风物传说故事

在长期的历史发展中，侗族人民依其生存的自然环境和生产生活习俗，赋予许多事物以美好的遐想，创造了异彩纷呈的文化事象，风物传说故事即再现了侗族人民非凡的想像力和对美好生活的憧憬。在广大的侗族地区，人们不仅对于自己习以为常的居住、器物、节日、装饰、婚姻习俗等予以神奇的联想，而且还给予秀丽的山川花草树木以浓厚的人情味，使人的心境禁不住荡漾着一股股温情。流传较广、影响较大的风物传说故事主要有：关于民族建筑的《鼓楼的来历》、《风雨桥的来历》、《凉亭的由来》；关于民族器物的《铜鼓的传说》、《玉屏箫的传说》、《芦笙的由来》；关于民族信仰的《圣母和圣母祠》、《吃牯脏的传说》、《十八杉》；关于山川地名的《双凤斗龙》、《玉屏留龙》、《白米崖》、《犀牛岩》、《岜扒》、《信坎洞》、《三定》、《官山得名》、《八仙桥的来历》、《回龙桥的传说》；关于民族风情的《关于“耶”的来源》、《侗歌的来历》、《尹郎美道》、《犀牛塘的传说》、《斗牛节的来历》、《斗牛场的来历》、《吃黑米饭的来历》、《清明祭祖》、《春节鸡笼插花的由来》、《报京三月三的来历》、《迟婚的传说》、《赶歌会的来历》、《土王节的兴起》、《大雾梁歌会的来由》、《赶坳的由来》、《培已寨的传说》、《带鲤鱼迎亲的传说》、《从前嫁男不嫁女》、《大林山“七十二”歌场的由来》、《“永定风规”的由来》等等。

《关于“耶”的来源》，主要流传于南侗地区，有的又叫《相天上天买“确”》、《找歌的传说》等。相传侗族本来没有踩歌堂，过节时没有歌唱，没有舞跳，大家感到就像请客吃饭没有酒一样乏味。听说天上有歌声，就推金必去天上讨。金必来到天门，用粗大木头做成的栅门紧紧闭着。声音如雷的金必连喊三声开门。第一声远远地方响起了回音，第二声震得门前尘土飞扬，第三声震得木栅门频频晃动，这才惊动了看守天门的雷婆前来应门。雷婆闻知地上的金必来讨歌，就打开了大门。此时，仙女们正在踩歌堂，又唱又跳，非常热闹。金必看呆了，看得连日子都忘了。七个月过去了，金必还没回来，大家于是又派相金、相银和苗家的古赛到天上找金必。金必学了六天，也没学会踩堂舞。于是，他们四人就一起向天上的老人讨，并答应出三百两银子修天上的鼓楼。经过重重困难，他们终于把“耶”讨回人间。从此，侗族苗族过年过节的时候，就聚在一起踩歌堂。

《侗歌的来历》说，侗族原本不会唱歌，听山鸟说，天上有一棵歌树。侗家后生细爱提议上天去偷歌种，由雄鹰、喜鹊、画眉背着办苦的母亲、细爱、蝉姑娘上天去偷。他们到了天上，守歌树的龙鳞精正在打瞌睡。三个人悄悄地爬上树去摘歌果，蝉姑娘高兴得学起歌来。歌声惊醒了龙鳞精和主管歌树的撒香婆婆。办苦母亲回头叫大家赶紧下树往回跑。细爱落在最后，被龙鳞抓住。办苦母亲回头不见细爱，慌得从鹰背上摔下来死了。最后，蝉姑娘把歌树果带回人间。歌树果被偷，撒香婆婆贬龙鳞精下界，押送细爱回人间。细爱为了纪念办苦母亲，把歌果种在她的坟上，不久长出一棵和天上一模一样的歌树。人们和百鸟都赶来学歌。撒香婆婆发现人间的歌树，把歌树砍倒，甩到河里。被贬的龙鳞精在河里看见了，把歌果吞掉，以报复人类。后来，人们把这条大鱼钓上岸来，剖开鱼肚，得到歌果。细爱挑着歌果到侗乡苗寨去传歌。从此，侗乡苗寨处处响起歌声。

《赶坳的由来》，传说很久以前，新晃龙家寨有个姑娘名叫腊妹，长得像仙女一样，她心灵手巧，非常能干。田家寨有个小伙子叫田郎，与腊妹家只隔一个坳。他俩从小放牛、砍柴、割草常在一起，就像鱼和水一样分不开。可是，腊妹的爹早已将她许配给很远的舅爷家，不管腊妹愿不愿意。舅爷家要来接亲了。就在舅爷家来接亲的那天晚上，腊妹和田郎正打算私逃。可是没有逃脱，腊妹被舅爷家来的人抢走了。

路上，腊妹知道田郎会去找她，每走到有岔路的地方，就悄悄丢下东西作记号，给田郎引路。田郎根据记号紧紧相追，终于找到了腊妹，俩人一同往回逃。他俩生死相爱，感动了神仙。神仙告诉他俩，“过坳时遇到鸡叫就不能讲话，不然就会拐场（将事情弄坏）。”他俩于是连夜往前奔，奔到离家最近的那个坳时，腊妹失脚滚到了沟里，田郎转眼不见她，急得忍不住喊了声“腊妹”。这时，恰巧鸡叫头遍。两人于是化成了岩石。附近寨子的小伙子、姑娘为了纪念这对情人，常在民间节日里聚集到坳上唱歌，并相沿成习。

□动植物故事

侗族居住的地区林木繁盛，花草奇丽，山清水秀，是许多动物理想的栖息地。千百年来，侗族人民在与它们日积月累的接触过程中，也赋予了这些生灵以人格化的想像，借以表达自己的情感、愿望，以及人类错综复杂的社会关系，形成了具有浓郁民族特色的动植物故事。

侗族的动植物故事有的解释了动物的特征、习性，有的借以反映人类社会的生活，有的则通过故事教育或启示人，其寓意深刻。主要有：《水乡风波》、《鲍鱼嘴为什么那么大》、《黄牛笑掉了牙》、《布谷鸟和金丝雀》、《蚂蚱和猴子打仗》、《螃蟹牵水牛》、《智斗变婆》、《小公鸡斗狐狸》、《蚱蜢战群猴》、《狗犁田》、《花蚊子的来历》、《羊角为什么是弯的》、《猫和狗怎么成了冤家》、《田里泥鳅哪里来》、《老虎怕“屋漏”》、《猫为什么捉老鼠》、《老虎和螃蟹》等。

□**爱情传说故事**

由于传统婚姻习俗和旧制度的影响，使许多真心相爱的青年男女不能幸福地生活在一起。在侗族民间，因之而产生的许多反映青年男女反抗旧制度、恶势力，追求自由美好爱情婚姻的传说故事。如《珠郎娘美》、《蝴蝶姑娘》、《榴美》、《金汉列妹》、《琵琶泉》、《锁妹与丙郎》、《秀银与吉妹》、《岂汉与梅化》、《相思泉》、《九郎坡》、《毛宏玉英》、《一对画眉》、《索美》、《善郎俄美》等，它们有力地鞭笞了旧制度、恶势力对人性的束缚，歌颂了纯洁忠贞的爱情。

《珠郎娘美》说的是榕江三宝一带，有一对相亲相爱的青年男女——珠郎和娘美，他俩破铜钱订终生。娘美的后娘却强逼她嫁给自己的侄儿。娘美不从，和珠郎一同逃到从江贯洞，在财主银宜家帮工。银宜见娘美年轻漂亮，欲夺为妻。银宜买通乡老蛮松，在一次“吃枪尖肉”的款会上杀死了珠郎，娘美从讨蕨菜的小女孩口中得知珠郎被害，并在珠郎的尸骨上找到了另一半铜钱。娘美决定为珠郎报仇。她假意答应嫁给银宜，要银宜亲手埋了珠郎，才可成亲。银宜随娘美来到荒坟坡，给珠郎挖坑。当坑挖至一半时，娘美举起镰刀砍死银宜，替珠郎报了仇。

《秀银和吉妹》说的是清代怀远（今广西三江）有一个美丽、善良的姑娘吉妹，虽然生在富人家，但她不贪图富贵，深深爱上了勤快、憨厚、诚实的长工周秀银。白天，他俩田头转，地头走，晚上在火塘边行歌坐月，共话桑麻。可是，势利的吉妹父母却把她许配给门当户对的薛家财主，吉妹宁死不屈，最后与秀银双双殉情。

□**红军故事**

侗族居住的许多地区曾是当年红军所经之地，红军爱民、严格遵守纪律、坚定顽强和勇于自我牺牲的精神，给侗族群众留下了深刻的印象，由此也产生了大量和红军有关的传说故事，如《红军过锦屏》、《锐不可当》、《智能寨石坳》、《激战五里桥》、《高洋之战》、《红军侦察兵助战樟树坳》、《后卫连的一次战斗》、《脸村突围》、《红军是飞来的》、《稀饭钱》、《红军过侗寨》、《朱总司令住过草坪村》、《赔偿损失》、《一张告示》、《八块银圆》、《一只难忘的破碗》、《红军鼎罐》、《一串钱》、《一把铜锁》、《烈火中救人》、《侗家山寨鱼水情》、《重见光明》、《一件皮背心》、《红军关心月婆子》、《满公的眼睛》、《天兵天将送粮来》等。通过与红军的相处，侗族群众也切身体会到红军是一支真正为人民利益服务的军队，是侗家人的希望。于是，敬重红军、拥护红军、以实际行动来支持红军的事迹也不断涌现，如《穷人一条心、协力迎红军》、《帮红军舂米》、《补鞋》、《小雪天气架浮桥》、《勇救伤员》、《卖猪卖牛赎红军》、《骨肉情》、《台老爷义释红军》、《山寨屯的怒吼》、《周明贵救小红军》、《龟膏》等传说故事即表现了侗族群众对红军的支持，生动再现了侗族人民和红军的鱼水之情。①

此外，在侗族民间还有一些揭露和批评自私、落后、嫌贫爱富、喜新厌旧、谋害他人必遭报应的传说故事，如《莽隋刘美》、《丁郎龙女》、《陆姣》、《兄弟俩吃鱼》等。

诗　歌

以诗言志，以歌抒情，诗与歌在侗族民间有机地结合在一起。民间流传说："侗家人人会唱歌，侗家山寨善唱歌，年长的

① 杨权编著：《侗族文学史》，中央民族学院出版社，1992年版。

教歌，年幼的学歌。侗乡是诗的家乡，歌的海洋。”有侗歌唱道：“汉人有文传书本，侗家无字传歌声；祖辈传唱到父辈，父辈传唱到儿孙……”过去侗族由于没有文字，为便于流传，其历史、文化等多编成诗歌的形式传唱，世世代代，从而形成了侗族民间文学中这颗璀璨的明珠。侗族诗歌有和谐的韵律，它既可一首首地念诵，又能一首首地演唱。人们常说：“没有图案不成侗锦，没有韵律不成侗歌。”侗歌用韵不好，就是“唱歌没有味，炒菜没有盐”。流传民间的侗族诗歌篇幅长短不一，通常以四行至一二十行的短歌居多，最短的仅有两行，而长的可达数千行。为了更好的表现内容，诗行的音节数比较自由，有三个音节的短句，也有十个音节以上的长句。虽然篇幅长短和音节不一，但并不杂乱无章，而是有一定规律可循，构成了侗族诗歌的特有格律。一般来说，一首诗的句数需成偶数，而每句的音节则成奇数。传统诗、新诗均如此，只有古老的祭祀歌、琵琶歌、酒歌例外。① 侗族诗歌的题材广泛，内容极为丰富，其短诗习惯上又称为民歌，大致可分为叙事诗、大歌、小歌、礼俗歌等。

□叙事诗歌②

侗族的叙事诗歌内容广泛，主题多样，以叙事长诗为主。主要有：

叙述人类起源的长诗，多由神话、传说演变而来，如《棉婆孵蛋》、《洪水滔天》、《章良章妹》等古歌。

赞颂侗族民族英雄或历史人物的诗歌，如《萨之歌》、《吴勉

---

① 阳泉：《论侗族诗歌的韵律特色》，载王胜先主编：《侗族文化史料》，黔东南苗族侗族自治州民委民族研究所印。

② 杨权编著：《侗族民间文学史》，中央民族学院出版社，1992 年版；杨国仁、涛声：《侗乡文采映山红——侗族民间文学简介》，载王胜先主编：《侗族文化史料》，黔东南苗族侗族自治州民委民族研究所印。

之歌》、《林宽之歌》、《姜映芳之歌》、《金银王歌》、《抗石官刘官歌》、《歌师传》等。

叙述侗族来源及迁徙的长诗，如《祖公上河》、《祖源》、《侗族祖先哪里来》、《九十九头人》、《我们的祖先怎样落在这个寨子》等。“祖公上河”是祖先沿着河流而上的意思。它是一篇关于侗族祖先溯河而上寻找定居点的迁徙叙事长诗，包括了《祖公上河》、《分姓氏到地方》、《婚俗之原》、《破姓开亲》、《侗理传万代》等部分。

《婚姻之原》主要叙述了侗族婚姻习俗从开创“为也”、“行歌坐月”等社交活动到因古礼古规只能异姓婚配所遇到的重重困难，描述生动细致，反映了侗族婚姻发展的简要历史。歌中唱道：

因为大姑娘不会打扮，
年轻小伙子不会找伴，
老年人不会张罗迎亲，
年轻小伙子不会张罗娶妻，
年轻姑娘不会张罗出嫁。
老年人不会张罗吹芦笙，
年轻人不会张罗“为也”。
后来石共在山上造牛腿琴，
峨寐在送洞造琵琶，
九匀在八洞会造笛子，
十洞的金注会造芦笙。
甫荣会吹唢呐，
宗咎会吹笛子，
甫勇会弹琵琶，
宗华会拉牛腿琴。

男的听到琵琶声以歌相配，
女的听到笛子声用歌相随。
老年人才会张罗迎亲的事，
小伙子才会张罗娶妻，
姑娘才会张罗出嫁。
老年人才会张罗吹芦笙，
年轻人才会张罗“为也”。
这是咱们的祖公在老一代的创造，
祖婆在年轻一代的创造。
章良章妹开创这个青春时期的欢乐，
开创姑娘在家等待，
小伙子出外求伴。
开创姑娘在家纺线等待，
小伙子走寨求访。
……

叙述侗族历史沿革以及重大事件的诗歌，如《咸丰五年天下乱》、《辛亥歌》、《红军长征过朗洞》等。

叙述侗族重要风俗习惯来源与变革的诗歌，如《尹郎美道》、《妹道》等。

叙述青年男女追求幸福爱情、争取婚姻自由的诗歌，如《覃宝与引妹》、《秀银与吉妹》、《锁妹与丙郎》、《善郎俄美》、《珠郎娘美》、《十三岁抗婚歌》、《十四岁少女抗嫁歌》、《夜郎或妹》等。

叙述勤劳善良的人必然兴旺发达、投机取巧和谋害他人必遭报应的诗歌，如《满隋刘美》、《懒人莫当家》、《嘎八方》等。

叙述群众在地主压迫剥削下和天灾人祸之下过着痛苦生活的诗歌，如《卯年不好》、《嘎志太》、《卖女歌》、《挑担歌》、《长工之歌》等。

还有从汉族民间故事移植改编的叙事诗歌，如《梁山伯与祝英台》、《丁郎龙女》、《孟姜女》、《李旦凤姣》、《门龙绍女》、《毛红玉英》、《陈世美》、《刘知远》、《陈光蕊》、《韩朋》，以及以《酒歌》形式传唱的《三国歌》、《洛阳歌》、《幼学歌》、《封神歌》等。1986年，贵州人民出版社出版了《侗族叙事歌》一书，收录了10篇叙事歌。

□大歌

大歌，侗语称为“嘎老”。“嘎”即“歌”意，“老”即“大”之意。“大歌”是群众性的合唱歌曲，主要流行于贵州黎平、榕江、从江及广西三江等南部侗族地区。演唱形式有领唱、合唱。合唱为多声部，有高、中、低三部，也有的仅高、低两个声部。低音部是大歌的主旋律，其特色也主要表现于此。演唱时，让低声部在主音“6”上持续很长时间，众歌手采用换气息的办法让歌声连续不断，高声部的独唱则由歌手尽兴发挥，且低声部还持续不断地发出潺潺流水之声，高声部则模仿百鸟啼鸣。大歌属支声复调声式范畴。其合声完美和谐，曲调优美，节奏自由，缓急有序，时而气势磅礴，热情奔放；时而平稳流畅，富于抒情；时而清脆悦耳，悠扬婉转，引人入胜，具有较强的艺术感染力。

侗族大歌种类较多，主要有叙事大歌、抒情大歌、礼俗大歌、鼓楼大歌、戏曲大歌等。

叙事大歌多冠以人名，如《嘎闷龙》、《嘎元董》、《嘎大用》、《金汉之歌》、《娘美之歌》、《榴美之歌》、《奶岭之歌》、《孔子之歌》等。

抒情大歌多冠以地名，如《增冲之歌》、《肇洞之歌》、《银潭之歌》、《岩洞之歌》、《三龙歌》、《肇兴歌》等。

伦理大歌常冠以某一类人物的通称，如《父母歌》、《单身歌》等。

声音大歌的标题常冠以昆虫鸟兽或季节时令，如《蝉歌》、《嘎吉哟》、《杨梅虫之歌》、《青蛙歌》、《山羊之歌》、《三月歌》、《嘎令》等。这类大歌多以生产和林间鸟兽的活动为主要内容，真实再现了侗族人民热爱生活、热爱自然的思想情感。其中《蝉歌》是一首较为有名的声音大歌，它以大森林中的蝉鸣为主，配以鸟啼、流水潺潺之声，高低音之间运用鼻音、半音、喉音等多声部互相渗透，交叉配合，使之形象生动地表现了百鸟欢鸣、溪流淙淙的大自然美好景观。

侗族大歌由于其演唱独特，朴素、自然、优美，在 1986 年10月的巴黎艺术节上备受赞誉，被称为“最有魅力的复调音乐”。

不过，侗族民间的大歌演唱并不普遍，在南部方言地区的侗族一些村寨中，还存在着传统的集体歌唱习俗和歌队组织，汉语称之为“歌班”。传统的歌班是按房族为基本单位组成的，一个大房族可以单独组成歌班，彼此有血亲关系的房族也可以多房族组成歌班，其活动地点以房族聚会的主要场所——鼓楼为中心。歌班多由未婚青年组成，按性别，可分为男班、女班；按年龄大小，可分为大班、中班和小班。按传统习俗，10 岁以上的孩子只要辈分相等、性别相同，即可组成歌班（小班），开始学歌。到了十五六岁，即随大班参加社交活动，并继续学歌，此即中班。到了十七八岁就成为大班生了。这时，他们可以接待外寨来游访的歌班在鼓楼对歌，并按习惯外出游访、传歌、赛歌、学歌，如此直到歌班中绝大多数主要成员结婚成家之后，歌班便自然解散。下一个歌班又接着升上来，一代一代传下去。歌班的人数无具体规定，但一般至少在四人以上，最多可达 20 余人，有时临时性的组合可达五六十人之多。

歌班中有领唱和唱高音部的歌手，高音部歌手一般从小就开始培养，同时培养三人左右，以备需要。歌唱时只有一人唱高音，或者二三人轮流担任，其他人均唱低音部。每个歌班都有年老的歌师来管理和教授，有的高音部歌手在歌班中也可充当自然领袖，故此一般又称高音歌手为“歌头”，享有一定声誉。歌班所唱的歌曲主要为侗族大歌，其正式演唱场面较为隆重，通常是外寨客人（歌班）来访时，主寨的歌班就邀请对方夜间在鼓楼唱歌。多是异性歌班互邀，同性歌班习惯上不互相邀请。如来客是男性，则主寨为女性；反之，如来客是女性，主寨则为男性。演唱时，首先由主队唱迎客歌，客队回唱《赞鼓楼》，然后才开始对唱。一般由女方先起头，男方回唱。就这样一首一首唱下去，常常是通宵达旦，气氛十分热烈。①

1958年，由贵州省文联、音协编辑整理，贵州人民出版社出版了《侗族大歌》，收录大歌约50余首。

□**小歌**

侗族小歌内容多以男女青年在行歌坐月或玩山时唱的情歌为主。一般采用独唱或对唱的形式。歌词短小优美细腻、情感真挚，常用比喻托物寄情，曲调灵活自由，音调平稳和谐，侗语称为“嘎腊”。南侗地区的榕江、从江、黎平等县，情歌统称为“走寨歌”或“坐夜歌”；北侗地区的天柱、锦屏等地则统称为“玩山歌”；而湖南通道和广西三江一带则称“土王歌”、“大戊梁歌”等。这类歌有的用乐器伴奏，如用琵琶伴奏，称为“琵琶歌”；用“牛腿琴”伴奏，称“牛腿琴歌”；用笛子伴奏，称“笛子歌”。有的不用乐器伴奏，仅为侗族山歌调唱，还有的侗族在唱小歌时，极为自然地模仿潺潺的流水声，人们则称之为“流水歌”，这种小歌虽无乐器伴奏，但亦十分自然和谐。一般而言，

① 杨权编著：《侗族民间文学史》，中央民族学院出版社，1992年版。

小歌的对唱有一个不断深入的过程，初相识，有试探歌；有意对唱，约定时间地点，有初会歌；想再次约会，有借把凭歌或借带歌；经过一段时间了解，男女间彼此相互产生爱意，思念恋人，有结朋友歌、相爱歌、相思歌；考验对方才智，唱盘歌；经受了种种考验，两人互订终生，有盟誓歌、成双歌；如情不投意不合，有分离歌；如对方移情别恋，有失恋歌，等等。

玩山歌：也叫玩山赶坳歌，广泛流传于天柱、锦屏、三穗、镇远、玉屏、新晃、靖州、芷江等北部方言侗族地区。其歌音域宽阔，悠扬婉转，高亢激越，开怀抒情，且杂有自由延长和装饰音、特殊波音，有的还唱里夹白，白中有韵和起伏不大的朗诵旋律，可谓徒歌之秀。当地青年男女十四五岁时就开始参加玩山，通过赶坳、走客、赶歌场等场合寻找意中人，对歌游玩，谈情说爱，表达相互间的爱慕之情。若赶场时，一群男女青年相遇，就唱歌相邀。如果双方均同意，就到花园里互相让座，开始连说带唱表达心意。如：

说：有缘遇着哥，遇见在花花树脚。
好比山羊遇着青草，好比画眉遇着阳雀。
人爱人和，哥们人本谦和。
出口成章，能说会讲。
邀妹同坐，怎好推脱。
今是情哥看得起，拜你为师跟你学。
唱：初叫画眉怕出窝，初进花园怕唱歌。
肚内没有歌一首，胆子不壮脸皮薄。

初次相会，青年男女喜悦、害羞之情常溢言于表：

初相会，好比画眉会锦鸡，

我郎今日得会你，就像蜜蜂遇着蜜。

叫妹唱歌难开口，小妹年轻怕害羞，
一来声音不好听，二来人多怕抬头。[①]

有的还借机相互夸赞，如：

男唱：早闻妹名传在外，
会讲会唱果然真个好口才，
唱得水中能起火，
唱得山上枯树发芽长叶开花活转来。
女唱：你哥不必来夸奖，
四方八面挂有榜，
一个歌场只有你哥才高艺巧再无双，
名扬天下到处都推你为王。

唱到一定时间，要分别了，如男方有意再次相约，就向女方提出借“把凭”，即约会的凭证，以防女方失约。而女方为了考察男方的诚意，总要找出种种理由为借口来故意推托，或有时为了考察男方的聪明才智，还用盘歌来考问。

女唱：哥要分花就盘花，
什么树开隔年花？
结的什么油板栗？
结的什么葫芦瓜？

① 杨权编著：《侗族民间文学史》，第198—199页，中央民族学院出版社，1992年版。

男唱：你要盘花就盘花，
茶树开的隔年花，
茶子就像油板栗，
茶苞就像葫芦瓜。

分离时，还要唱分离歌、断日子歌（再次约会的时间、地点）：

女唱：正在好玩要分散，
抬头望天只见红日慢慢落西山，
不是有心分别你，
回家太晚只怕父母盘问我为难。
……
男唱：今日分散我好伴，
暂时离别劝我朋友莫心酸，
花谢自有花开日，
月到十五自然有天得团圆。

男唱：船到深潭难拢岸，
手中无篙只好顺水流下滩，
几多恩爱说不尽，
约个日期二天又转花园玩。
……①
女唱：初三、十三、二十三，
妹拿皇历不会翻，

① 杨立中、龙燕怡：《流光溢彩的新晃侗族玩山歌》，载王胜先主编：《侗族文化史料》，黔东南苗族侗族自治州民委民族研究所印。

妹拿皇历不会看，
随哥邀我哪天玩。

经过几次约会，青年男女相互间逐渐产生了感情，期待着对方的表白，于是又有歌唱道：

好花红来好花鲜，可惜生在刺林边，
哥我心想摘朵戴，又怕刺林刺手尖。

一园栽菜几十样，只有姜叶满园香，
哥要生姜早料理，莫等夏至姜离娘。

随着时间的推移，双方感情越来越深，彼此思念，互倾情愫，海誓山盟：

天南地北来撞遇，
一树红花热闹洋洋齐，
姐是云来弟是雨，
飘飘洒洒走哪方雨也随。

情到浓时心都醉，
山上草籽一到熟来紧粘衣，
哥变星子妹变月，
星子陪月同出东方同落西。[①]

① 杨立中、龙燕怡：《流光溢彩的新晃侗族玩山歌》，载王胜先主编：《侗族文化史料》，黔东南苗族侗族自治州民委民族研究所印。

坐夜歌：也叫走寨歌、青年歌等，即行歌坐月时唱的情歌，广泛流行于南部方言侗族地区。其种类较多，如琵琶歌、拖腔歌、双歌、玩歌、细声歌等。因地区不同，各地的名称、唱法、曲调等也不尽相同，但内容都是青年男女相互表达彼此间的爱慕之情和抒发纯真的爱情。

每当夜幕降临，小伙子们带着琵琶、“格以”（牛腿琴）来到“月堂”（姑娘们聚集在一起做手工活的地方），先唱起了“敲门歌”、“探望歌”：

一年啊，只有一个春天，
一月啊，只有一次月圆，
一天啊，只有一个晚上，
开门啊，让我们共同说地聊天……

我来探望你哟，
好比鱼儿见鱼草；
鱼儿见鱼草舍不得离去，
妹的人才哟世上真难找。①

如果姑娘们不理睬小伙子们，小伙子们就会用歌来激将，用歌来赞美，直到姑娘们开“金口”。接着，双方对起歌来。经过来来往往，如果某对男女互有意，则唱“相爱歌”。侗歌中常以通俗、朴实的比喻来夸赞对方，而对自己则是极尽谦虚地贬抑，极富浓郁民族特色。如：

① 杨国仁、涛声：《侗乡文采映山红——侗族民间文学简介》，载王胜先主编：《侗族文化史料》，黔东南苗族侗族自治州民委民族研究所印。

你娘养你的时候好，
落在一箩糯米中。
是用什么水洗的？
把你洗得这样白净如银又贵重。
我妈养我是在初一的夜间，
月不出，
星不明，
生死是个大傻子，
话也说不清。
你妹住的是大寨，
我郎这里是小山村，
吃老鼠，上山去，
捉青蛙，下田拎。
不像你妹家，
酸鱼一桶桶，
腌肉吃不尽。
……

传统的坐夜歌以《银情歌》（俗名《十大银情》）流传最广，也最为著名。该歌由一组组歌组成，即《银情美》（新情人）、《银情告》（旧情人）、《银情枉》（分离的情人）、《银情十四》（十四岁的情人）、《银情昆界》（远方的情人）、《银情缟寨》（本寨的情人）、《银情赖》（好情人）、《银情乖》（聪明的情人）、《银情腮旁》（高傲的情人）、《银情内》（病中的情人）、《银情斗》（被抛弃的情人）、《银情佩》（逃脱的情人）等。歌中唱词优美，情真意切，感人肺腑，故许多青年人喜欢从中摘唱，借以向恋人表达心中的爱慕之情。①

□礼俗歌

礼俗歌主要是侗族群众在各种社交场合或婚丧仪礼中所唱的歌。侗族人喜爱唱歌，他们往往用歌来表达心中的感受，通过歌来联络双方的情感，歌声遍于他们生产生活的多种场景，将气氛烘托得更富有人情味。侗族的礼俗歌主要有拦路歌、开路歌、酒歌、盘歌、赞歌（包括吉利歌、吉利词）、苦歌、哭歌、踩堂歌等。

拦路歌和开路歌，是侗族青年男女进行社交活动时唱的一种歌。在男婚女嫁的喜庆日子里，当男方派人来接新娘时，女方寨子的青年们故意在路上用板凳、纺车、织布机、禾秆草、干辣椒、竹篓、鸡笼、风车、木马等设置障碍，以歌发问，让对方唱歌对答，谓之“开路”。还有的是在节日时，村寨之间邀请唱歌演戏，宰猪款待对方，借此扩大交往，加强彼此间的联系，侗族称之为“吃相思”。当客人来时，主寨年轻人即故意设障拦路对歌，让对方回答。有的年轻人还往往借此机会向所爱之人表达爱意。

酒歌，多在酒宴中唱的歌。曲调或悠长婉转，连绵多情，或高亢激昂，热情奔放，歌中充满了对对方的敬意，同时也夹杂着幽默、谦逊、诙谐的情趣，表达了双方诚挚的友谊。

盘歌，即以问题的形式让对方猜答，歌中唱词比喻形象生动，生活情趣浓郁，往往在社交场合中演唱。如：“什么吃草不吃根，什么睡倒不翻身？什么肚里长牙齿，什么肚里长眼睛？”答：“骡马吃草不吃根，岩头睡倒不翻身。磨子肚里长牙齿，灯笼肚里长眼睛。”

① 杨权编著：《侗族民间文学史》，第207—208页，中央民族学院出版社，1992年版。

赞歌，即对对方的盛情、友好、美丽、善良、村寨、房屋、家庭等等的赞誉。

苦歌是侗族群众在新中国成立前对各个历史时期所遭受的压迫和剥削的控诉，也是对自己生活遭遇的叙述，如《都江谣》中唱道："沿河上下三千寨，村村寨寨住侗人。过去侗家苦最深……财主豪绅如虎豹，保长派款又抓兵。""河边淘'芒'（即蕨根）的侗家女，破衣烂裙泪纷纷……"又有《长江叹苦歌》、《乡长吃人肉》、《城里来了中央兵》、《古溪河谣》、《乙酉大水歌》等，从不同的角度反映了侗族人民在压迫剥削制度下所度过的苦难岁月。

踩堂歌即侗族春节祭祖时唱的一种礼俗歌。

哭歌是侗族老人丧事时唱的一种吊唁歌，内容多为对死者生前苦难遭遇的怀念、对老人品德的赞颂，以及自己悲痛和哀悼之情的表达。①

1985年7月，贵州人民出版社出版了《侗族礼俗歌》，全书收歌33首，并介绍了歌的流传和演唱形式。

□琵琶歌

侗语称为"嘎琵琶"，即用琵琶伴奏弹唱的歌。琵琶歌以男歌手自弹自唱为主，也有男弹女唱，男女多人弹多人唱的。琵琶歌源远流长，民间传说，洪水滔天后，章良、章妹从葫芦里走出来，繁衍了人类。他们的后裔彭祖为了纪念他们，召集800人来弹唱琵琶歌，歌声优美动听，感动了天上七位仙女，她们也学会了歌，并到处传唱，教会了各地侗家人。从此，琵琶歌就在侗寨流行开来。

---

① 杨国仁、涛声：《侗乡文采映山红——侗族民间文学简介》，载王胜先主编：《侗族文化史料》，黔东南苗族侗族自治州民委民族研究所印。

琵琶歌曲调流畅，旋律性强，有严谨的格律：每首歌句必为双数，由上、下两句结成一个单元，若干单元组成一首歌。而每句字数又必为单数，一般为七字、九字，也有三字、五字或十一字以上的，最多达35个字。每句内部还分若干小节，除最后一小节字数必为单数外，其他各小节字数必为双数。每一小节里，不能全平全仄，上句尾字一般用上声或阴平声，下句尾字一般用去声、入声或阳平声。琵琶歌韵律独特，兼押外、中、内三韵。外韵即脚韵，为正韵。双句的尾字必须押脚韵，长篇巨著一两千行也都一韵到底；中韵，即腰韵，类似壮歌中的头韵，即上句的尾字与下句的第一、第二字或第一、第二小节的末字相押，时时转韵；内韵即锁韵、句内韵，即上一小节末字与下一小节首字用同韵或近韵字相锁联，句末两小节尤讲究锁韵。

琵琶歌一般用自然嗓子唱，可分为抒情和叙事两大类。抒情歌有长有短，短歌多即兴创作，长歌也只有简单的情节，抒情占了较大的比例。叙事长歌演唱时有一定的程序：开头先朗诵一段内容风趣、有韵律的道白，讲些客套话，接着唱“开堂歌”，也叫“献锦歌”，请历史歌祖到堂，然后再转入正歌。正歌结束后，还要唱“消散歌”，感谢到场的听众。叙事长歌少的一般一二百行，长的上千行，甚至几千行，有完整的故事情节，叙事咏人抒情论理，有较高的文学水平。叙事长歌还可分为两种体裁：一种只唱不说，篇幅较短，侗语称之为“嘎常”；一种有说有唱，近似苏州弹词，充分发挥了“说、表、弹、唱”四大艺术技巧，篇幅较长者，有的连唱几天几夜，侗语称之为“嘎锦”。①

琵琶歌的内容较为广泛，除了弹唱情歌外，诸如神话、传说故事、历史事件、人情世故、伦理道德等，均可入歌弹唱。如

---

① 过伟：《论侗族琵琶歌》，载王胜先主编：《侗族文化史料》，黔东南苗族侗族自治州民委民族研究所印。

《洪家乱三江》，就是一篇结构严整、篇幅较长的长篇叙事琵琶歌，它由《洪家乱三江》、《李沅发之歌》、《三江离乱》等组成，记叙了清末民初天地会在三江崛起、发展和消亡的历史过程；《红军过朗洞》是一篇篇幅不长的叙事琵琶歌，它生动真切地记录了红军秋毫不犯的军纪和军民鱼水情；《娘梅歌》则是一首塑造了一个敢于反抗封建迫害的妇女形象的叙事诗。由贵州省民间文艺研究会和黔东南苗族侗族自治州文艺研究室合编，棠棣华、王治新整理的《侗族琵琶歌》已由贵州人民出版社出版（1981年），它较为全面地集中收集了南部方言侗族地区琵琶歌205首（主要为情歌）。

□童谣

主要流行于南侗地区，它以生动形象而又通俗的语言，引导孩子们对大自然、对社会的认识，激发他们的想像力。如《螃蟹歌》、《小米歌》、《挖荒歌》、《老老少少笑哈哈》、《做个好朋友》、《砍木做琵琶》等。

□新歌

新中国成立后，广大侗族人民以饱满的深情厚谊，谱写了一曲曲反映新时代的诗歌，歌颂社会主义，歌颂共产党，歌颂新生活，歌颂党的民族政策，如《党的恩情千万丈》、《人民公社是金桥》、《侗家人人爱公社》、《毛主席撒下幸福种》、《榕江三条江》、《木叶吹绿万重坡》、《长长的铁友进侗乡》、《田园组歌》、《党的恩情盖山河》、《太阳出来满山坡》、《一生难离共产党》、《歌颂新时代》、《花儿开在我心怀》等。20世纪50年代土改运动时，为了启发和提高广大侗族人民的阶级觉悟，在侗族地区广泛开展了忆苦思甜活动。在这样的历史背景下，出现了许多忆苦歌，如《李尼和清苦情歌》、《封建压迫去当兵》、《旧社会的苦处说不完》、《翻身歌》、《旧的世界苦穷人》等。1976年，毛主席、周总理和朱德委员长相继去世，全国人民处于深深的悲痛之中。侗族人民也以诚挚的感情，用歌倾诉了他们心中的悲哀和怀念之情，主要作品有：《缅怀毛主席》、《缅怀周总理》、《想念朱德委员长》、《侗家怀念周总理》、《永远怀念毛主席》、《歌颂革命老前辈》等。党的十一届三中全会后，中国广大农村发生了极大变化，侗族人民在新时期，怀着极大的热情谱写了一首首赞扬之歌，如《侗乡人民喜四化》、《侗寨四化春风来》、《三中全会传佳音》、《民歌展翅飞起来》、《"四个坚持"好得很》、《侗乡蝉儿歌声多》、《放宽政策好》、《造林好》等等。①

款　　词

款是侗族民间的社会组织，款词本为款中的条文，即习惯法，但在其发展的过程中，逐渐突破了法律的规约，而形成了群众喜闻乐见的一种韵文形式的民间文学。款词的内容极为广泛，凡是款约所涉及的内容，款词中几乎都有表现，如《款坪款》、《约法款》、《创世款》、《族源款》、《习俗款》、《英雄款》、《出征款》、《祝赞款》、《请神款》、《祭祀款》等。《从前我们做大款》，是侗族地区保存较为完整的一部款词，在侗族地区影响颇深，它主要由四个部分组成：《开篇》、《头在古州尾在柳州》、《十二条款》、《结尾》。款词语言简练形象、生动、通俗，比喻贴切，修辞巧妙，比喻、借代、排比、夸张等手法广泛运用，说理步步

① 杨权编著：《侗族民间文学史》，中央民族学院出版社，1992年版；杨国仁、涛声：《侗乡文采映山红——侗族民间文学简介》，载王胜先主编：《侗族文化史料》，黔东南苗族侗族自治州民委民族研究所印。

深入，让人读唱起来朗朗上口。下面这一段是对“行歌坐月”习俗的描述，从中我们也可窥见款词的艺术魅力：

养女坐夜搓麻，养男走寨弹琵琶。
我儿走到你家，老人睡在床上莫讲话；
你儿到我家，我也一样闭嘴巴。
少男少女，你赞我夸，
疾言恋语，山歌对答。
火堂边排坐，月光下戏打，
男的头插鸟羽，女的耳挂银花。
轻声话语随溪水，细细歌声伴琵琶。

谚　语

侗族谚语简练，结构严整，比喻含蓄，通俗易懂，具有侗歌的韵律形式。侗语称之为 Lix wap yaeml（道理深刻的话）、Lix jiue（条理话）、Lix nyene laox（老人话）、Lix wagx xangh（大众话）。由于侗歌、款词等的广泛传唱，且其内容丰富，唱词寓意深刻，寓教于乐，往往能启迪愚顽，开启心智，故不少侗谚即来自其中的一些作品。侗族谚语涉及的内容极为广泛，有人生、社会、自然、历史、民俗民风、时令等等。如教育人们要团结、互助：“饭同甑，话同心”、“共住一条江，有事大家帮”、“共个水井，大家流汗”、“要像鸭脚板连成一片，不像鸡爪分成杈杈”；关于侗族规约：“乡有乡规，洞有洞理”、“古树保村寨，老人管地方”、“款理登天”、“龙管天上，款管人间”、“侗人不进衙门”等；反映侗族人与封建统治者关系的：“侗人种田，官兵吃粮”、

“汉官计谋深，侗人策略浅”、“谷进仓，粮给官”、“生铁进袋烂袋子，官兵进寨烂寨子”、“官不知穷人苦，鬼不知六月天”等；反映汉侗人民关系的：“遵循侗族习俗，追求汉族风尚”、“侗族的东西不破，汉族的东西不销”、“唱侗歌，邀伴来；讲侗话，杂汉语”、“刀不离鞘，侗不离汉；酒不离坛，梳不离髻”等；反映民俗民风：“一家起屋，阖族相助”、“一寨有难，百寨给吃”、“共条河流，同声唱歌”、“靠勤吃，靠巧穿”、“猪要懒，人要勤”、“勤富懒贫”、“勤人做不死，懒人坐不肥”、“树大分枝，儿大分家”、“衣不离带，食不离酸，住不离楼，行不离盘（指山路)”、“男子不离柴刀，女子不离梳子”、“生女绩麻，生男走寨”、“三年上，五年下”（不落夫家习俗）等；关于人生的哲理：“笋生竹，竹生笋”、“老树保根，老竹保笋”、“砍根竹，换个笋；老辈去，换下代”、“不到源头，不知山高；不到河口，不知海宽”、“多讲一句人不会高，少讲一句人不会矮；强人三分不会胖，让人三分不会瘦”、“人有须，树有根；讲话有理就好听，东西有柄就好拿”、“树大有松鼠，山大有老虎”、“岩深有蟒蛇，草深有黄蜂”、“山山有大树，寨寨有能人”、“柴不经火烧成不了炭，人不经磨炼成不了材”、“朽木长菌，死水生蛆”、“牙齿坚硬会自崩，舌头柔软永久存”、“一手难遮天，独木难过桥”、“想吃鱼莫怕水深”、“创家如同针挑土，败家如同浪淘沙”、“阳春三月不下田，十冬腊月过空年”、“要知三岔路，须问过来人”等；关于文学艺术：“饭养身，歌养心”、“话好悦耳，歌好顺心”、“歌解烦忧笑解愁”、“人不唱歌人易老，我常唱歌心欢畅”、“留歌不唱活无味，留田不种禾难收”、“没有图案不成侗锦，没有韵律不成侗歌”等；关于农耕节令：“正月烧荒山，二月嫩草生”、“过春社，动犁耙”、“五月芒种侗家宰鸭到插秧”、“春天忙耕种，冬天够吃用”、“有钱难买五月旱，六月连雨吃饱饭”、“阳春不认爷和娘，深耕细作多打粮”、“十月无霜，碓里无糠”、“清明下早种，谷雨下迟秧”、“夏至栽秧不用薅，栽下田头就打包”、“田等秧，谷满仓；秧等田，过荒年”、“人靠饭力，地靠肥力”、“种田勤换种，粮仓关不拢”、“看地播种，看苗施肥”、“十层肥不如一层水”、“人误一时，田误一年”、“杜鹃开花才播种，布谷一叫就插秧”、“稻田养鱼鱼养稻”、“插秧过夏至，禾叶比针细”、“日头带笠山坡干，日头打伞泥巴烂”等等。

歌 师

侗族喜歌善唱，在歌的传承过程中，产生了作歌传唱的歌师(侗语称为“匠嘎”)；反过来，歌师的产生又促进了侗歌的创作和发展。歌师不仅知识渊博、品德高尚，且能歌善唱，编歌教人传人，在侗族民间享有较高的声誉。

由于没有文字记载，侗族民间流传下来的歌师姓名并不多。不过，随着汉字记侗音的流行，有的歌师在用汉字创作和传抄侗歌的过程中，也往往会在歌后署上自己的姓名；还有的叙事歌专门叙述了一些歌师的生平和事迹，保存了一些歌师的资料，如《歌师传》就是其中之一。

《歌师传》全歌116行，叙述了14位歌师以及他们创作演唱的19部作品，主要有：杨信斌的《二度梅》、《罗凤英》，银宣的《十二月歌》、《陈光蕊的故事》，魁仙的《刘孝文》，记个的《茶妹与铁郎》、《孟姜女和万杞良》，阿旺、尚甲、华隆、万基的《张艾》、《兰梯苏》、《忠林和忠树》、《王氏受苦在磨房》、《龙生的苦情》，满禾、满全的《受尽磨难的陈中三》、《九宝大山》，吴银龙的《陈世美》，吴行积、吴富浩的《凤姣与李旦》，吴朝堂的《秀吉与吉妹》、《松粱歌》、《添粮歌》等。这些歌师所作的歌，目前流传下来的仅有几部，绝大多数已散失。

除了《歌师传》中所记歌师外，在侗族民间还有不少著名歌师，陆大用就是其中之一，叙事大歌《嘎大用》说的即是陆大用及其所创作的歌。陆大用约生于清乾隆末年嘉庆初年（1790—1800年之间），贵州省黎平肇洞寨人，一生编歌甚多，有情歌、劝世歌、时政歌、主张男女平等歌、反歌、伦理歌等。其中，《头人不好》这首叙事大歌是他的代表作。而他的作品中，又以情歌数量为多，如《作伴久了人也熟了》、《一天想三遍》、《多么好的山林》、《十八少年歌》、《夜乐歌》、《结个远路情》、《私奔歌》、《江水歌》、《十月摘了禾》、《民理爱你情伴》、《姑娘不愿意出嫁》、《咱俩的话早就偷偷讲过了》等等。此外，还有从江贯洞寨的张讽干，黎平宰拱寨的吴朝向（别号“万麻”），黎平坪寨的吴堂应，从江曹利寨的吴金随，榕江车寨的乃告化，榕江车寨的杨志太，湖南通道中步寨的杨发林，三江匡里寨的李发马，通道甘溪寨的吴昌盛，通道高步寨的吴国宝、杨盛斌、杨成旺，通道牙寨的石银万，从江龙图宰门寨的梁维安，龙胜蕨境寨石戒福等，都是侗寨有名的歌师。[1]

① 杨权编著：《侗族民间文学史》，中央民族学院出版社，1992年版。

七、游艺民俗

音乐舞蹈

侗族民间有“饭养身，歌养心”之说，侗族地区又有“诗的家乡，歌的海洋”之誉。侗族人民十分喜爱唱歌，歌成为他们社会生活中不可缺少的一部分。其歌种类繁多，内容丰富多彩，歌词韵味浓厚，优美平实生动，比喻夸张等修辞手法运用巧妙，曲调或轻柔深情、淳朴自然，或稳重舒缓、浑厚练达，或质朴明快、悠扬婉转，或高亢激昂、热情奔放，具有浓郁的民族特色和生活气息。

侗族乐器主要有箫、笛、琵琶、牛腿琴、芦笙、唢呐、锣、钹等。

箫一般有5个音，用薄蜡纸或小铜片作舌簧。笛，侗语称为“介各”、“济各斯”，长30—40厘米，管身开6个按音孔，竖吹。吹奏时可用口鼻循环换气，使声音连续不断。贵州玉屏侗族地区所产的箫、笛，在1913年英国伦敦国际手工艺展览会上获银奖，1915年在美国旧金山万国巴拿马赛会上获金奖，深得各国人民赞誉。箫、笛多用于小伙子与姑娘夜间谈情说爱时吹奏，亦可用于独奏或伴奏。

侗族琵琶有四根弦，母子弦各一根，中弦两根，形似汉族的三弦。多由梓木、梧桐或杉木制成。弹奏时，左手按弦，右手拨弦，发出叮叮铮铮的声音，音色清亮明快。又有大小琵琶之分：大琵琶音色低沉柔和，长于伴奏叙事性唱词，多为歌师在鼓楼当众演唱叙事长歌；小琵琶音色铿锵，细致而深厚，长于伴奏咏叹性唱词，多为小伙子姑娘们坐夜时弹唱抒情短歌。

牛腿琴，侗语称为“格以”，是侗族特有的弦鸣乐器，形似水牛大腿，故名。琴长50厘米，用整块杉木制成，下端挖空，以薄桐木蒙面作鸣箱，上端装有两个木轸，采用铜丝弦，用马尾或麻弓拉奏。演奏时，将琴的尾端放在左胸前，左手执琴，右手执弓拉奏。其音色低沉委婉，常与琵琶一起为唱歌伴奏。主要流行于贵州榕江、从江、黎平及广西三江等地。

芦笙，侗语称为“伦”。一般全器由笙斗、笙管、共鸣筒、簧片、箍等部件构成。笙斗用杉木制作，笙管和吹管用水竹制作，共鸣筒用楠竹、白壳竹或笋壳制作，箍用绵竹编制，簧片用响铜制作。各部件的大小、长短，均视芦笙的型号而定。笙斗多呈纺锤形，长60—70厘米，上接一段外径1.6—1.8厘米、内径0.8—1厘米的小竹管作吹嘴。笙管分两排，成75—90度交角插于笙斗，上段集于一束，以绳捆拢。笙管数量、长短不一，有六管、八管、四管等多种。管长依其序列及芦笙型号而别，最短者约20厘米，大型芦笙最长达9米。一般外径1.4—1.5厘米，内径1—1.1厘米。每管近斗之上各开一按音孔，入斗部分装一铜质簧片。演奏时，双手捧扶笙斗，手指分别按两排笙管按孔，口含吹嘴，吹吸发音。芦笙音色视音列、调式或饱满丰厚、共鸣充实，或纯净清亮、轻盈明快，或柔和圆润、愉悦甜美。侗族芦笙可分为由芦笙队吹奏并有共鸣筒的“宏声笙”（侗语称为“伦瓦”）和单独吹奏且无共鸣筒的“柔声笙”（侗语“伦麻”）。

过去，侗族民间常有芦笙比赛，一是吹奏芦笙，二是跳芦笙舞。在一些重大的祭祀活动和喜庆场合，也常常吹奏芦笙和舞蹈表演。有的村寨甚至有专门的芦笙表演队，外出演出还要穿专门的仿古服装，甚为典雅古朴，寨人也视为一种荣耀，并与村寨的声誉相关联。

铜鼓也为部分地区的侗族所喜爱。如在广西融水等地，铜鼓不仅是乐器，也是重器和神器，除夕之夜，村寨姑娘还要击鼓守岁，以辞旧迎新。

侗族舞蹈主要有“多耶”、“龙啱”、芦笙舞、龙舞、狮舞等。“多耶”，盛行于黎平、榕江、从江、通道、靖州等县。舞蹈时，或男或女，或男女混杂，手牵手，或只手搭肩，围成圆圈，用整齐又有节奏的步伐，边绕边唱，边甩手为拍，基本动作有进步摆、退步摆、哆也步、圆圈向顺时针方向前进或向逆时针方向后退。舞者上身挺直，目视前方，身子随脚踩地时左右摆动。前进时有进三步停一步、进三步退两步、一进一退等舞步。节奏多为2/4、3/4拍子的舞曲，或由一人领唱众人合，或男唱女答，唱词中穿插有衬词衬句，如“耶落呀”、“耶呀耶落呀”。整个舞蹈场面热情洋溢，歌声嘹亮，充满团结吉祥的气氛。“龙啱”是由青年男女分两路纵队，先由外向里绕，再由里向外旋，盘成螺圈，犹如长龙迂回。这些舞蹈，人数不拘，动作简单，古朴庄严，多在祭祀或集会时表演。芦笙舞，则由舞者自舞自吹，参与者多达百余人，但也有独吹独舞者。其动作多模拟人们的各种劳动和动物形象，活泼生动，朴实自然。

通道等地有春牛舞。每逢立春日，寨里的民间艺人便组织队伍，用篾扎成水牛或黄牛模型，用布或纸糊上，扮成“活春牛”。“活春牛”由两人舞动，其他人则穿上奇装异服，装扮成各种人物，模仿犁田、割草、锄地、捞虾、哺儿等动作，并伴以锣鼓，唱春牛歌，走村串寨。春牛队每到一处，群众放鞭炮迎接，送红包、糍粑表示感谢。春牛队则祝村村寨寨、家家户户、男女老少新年愉快，万事如意。

湖北恩施等地有武技舞艺较高的“狮子灯舞”。舞时一般有天鹅抱蛋和金库取宝表演。舞场中搭有八层高的桌子，桌子上放把椅子，椅子上放个簸箕，簸箕内放鸡蛋数枚。玩狮人用锦鸡独立、鹤鹰展翅、狮子滚绣球等武技，翻上桌子，取蛋后，一层层把桌子拆除。主导人把拆除的桌子摆成“天下太平”等字样，并要舞狮人按笔画一件件拆除。舞中时常配有《西游记》人物，如孙悟空、猪八戒、沙和尚等丑角打闹取笑。

歌　场

歌场是侗族民间文化娱乐活动的主要形式之一，是一年一度歌手赛歌、青年男女交友、谈情说爱、郊游娱乐的场所。侗族歌场多在春、夏、秋三季举行，歌场或因祈求风调雨顺、纪念英雄人物或著名歌师，或因款场聚议等而形成。侗族的歌会歌场较多，参加的人数、时间、地点、规模均不完全一样，各具特色。

木瓜歌会。每年农历六月初六在通道独坡木瓜村的岑虾坡上举行。当日，周边村寨及广西、贵州边境的数千名侗、苗青年男女，结伴云集山坡对歌，并通过对歌寻找意中人。

天柱侗族地区歌场较多，主要歌场见下表：

歌场名称	歌场日期（农历）	地　点	备　注
莲花坪	三月三日、七月二十至二十二日	渡马乡湾场	约1万人参加
注　溪(社场)	春社日	注溪乡上寨	约1万人参加
蓝田二十坪	七月二十日	蓝田镇楞寨、杞寨交界处	约1万人参加

续表

歌场名称	歌场日期（农历）	地　点	备　注
凤阳山（社场）		三合乡凤阿	约1千人参加
猴子坳	四月十七日	注溪与三团分水岭上	
凤岩坡	三月三日	泫马野田与白市地样交界处	约4千人参加
半溪	七月十五日	溪口乡	约数千人参加
大陵山	四月十八日、七月二十日	溪口乡溪口寨东北	约数千人参加
塘稿坡	三月一至三日	溪口乡邀营坳	1924年废止
甘洞	三月三日	凸洞乡甘洞	约1万人参加
三阳殿	六月十九日	八界、八阳、坪地交界处	约1万人参加
白蜡坳	三月三日	坪地镇兆寨	约1万人参加
坪地	六月六日	坪地镇	约1万人参加
龙神地	七月十五日	坪地镇墨溪	约数千人参加，现已废止
坳光	七月十五日	坪地镇石埂	约数千人参加，现已废止
便洞	七月十五日	坪地镇便桃	
不葬坪（社场）		蓝田与地锁之间	20世纪50年代废止
岑布翁（社场）		三合乡禾高	20世纪30年代废止
邦洞	四月八日	邦洞镇	
水洞	九月九日	水洞乡	约万人参加，并斗牛

续表

歌场名称	歌场日期（农历）	地　点	备　注
石洞	十月十日	石镇	约万人参加，并斗牛，20世纪60年代废止
大溪坪	正月一—三日	社学	
阳寨	六月十三—十五日	阳寨乡	约6千人参加
败阵坡	正月一—三日	渡马乡	
猫猫岩	三月三日、七月七日	阳寨乡	

在这些歌场中，以莲花坪歌场为最大，参加人数有时达三四万余人，远近闻名。

此外，还有剑河与锦屏交界的高坝歌会（农历七月二十日举行）、通道大雾梁歌会（立夏前18天的大戊日举行）等。

戏　曲

□侗戏

侗语称为“戏更”，主要流行于贵州、湖南、广西等侗族地区。大约在元代，在侗族地区出现了侗族传统艺术形式“垒”（念词）和“嘎”（歌）结合起来叙述故事，塑造人物形象，并由一人自拉乐器或自弹琵琶伴奏的、唱演相结合的“锦”。明末清初，一些汉族剧种如湘戏、桂戏、彩调等，逐渐传入侗族地区，它们在丰富侗族群众生活的同时，也影响和推动了侗戏的产生。

清道光年间，贵州黎平茅贡腊洞侗族知识分子吴文彩（1799—1845）于道光八年（1828）至道光十八年（1838）间，根据汉族传书《朱砂记》和《薛刚反唐》翻译改编成用侗语演唱的侗戏剧本《李旦凤姣》和《梅良玉》，同时设计了侗戏平板唱腔，侗戏由此诞生。此后，一些地区的歌师戏师仿效吴文彩，相继编写了《毛宏玉英》、《门龙绍女》、《山伯英台》、《陈胜吴广》、《陈世美》等侗戏剧目。同时还根据侗族民间故事传说或民间叙事诗编成侗戏剧目，如《珠郎娘美》、《三郎五妹》、《元董》、《甫桃奶桃》、《郎福》等，进一步扩大了侗戏的影响。

侗戏剧本以唱为主，这与侗族喜爱唱歌的民族性格有关，故剧本之长短是以多少支歌来衡量的。剧本文学结构一般是开头由一人反复用对偶的两句念白念出台词，内容是天、地、人的来源和侗族的来源，接着是两人对唱，其间夹杂着独唱、合唱，再下去就是“串锦”，即带说带唱，最后是全体唱“消散歌”，向观众道别。

侗戏的音乐最初是以上下句结构的“平腔”（胡琴歌）为主要唱腔，旋律自然下滑，吐词清晰。后来经过戏曲化加工的民歌被引进，大大丰富了侗戏音乐，侗语称之为“唆嘎”，即歌腔。取材于大歌者，名“大歌腔”，多用于戏的开场、结尾、断案、仙人出现等场合。还有若干歌腔取材于“格以歌”、“琵琶歌”、“踩堂歌”、“儿歌”、“多耶调”等。此外，在侗戏中还使用汉语演唱的汉族曲调，统称为“客家腔”。侗戏一般用本嗓演唱，要求明亮、清晰，运腔自如。伴奏乐器有“格以”、侗笛、木叶、锣鼓等。

侗戏演出一般在村寨中的戏台或鼓楼坪，亦或某个开阔之地，没有特别的布置，其表演动作简单，以唱和白为主，步伐仅有“$\propto$”字步，以小丑跳跃来调节舞台气氛。

侗戏没有专门的戏班，全由群众自愿组合，为业余形式。戏班成员不定，二三十人不等，内有掌簿师一人，主持剧务、编录脚本、传授戏艺、负责导演、提示台词等，其职位较重要。除演员外，还有乐器伴奏乐队，3—5人。乐器主要有胡琴、牛腿琴、琵琶等。演员也没有严格的行当之分，唯有小丑独特，脸上画些黑点，以插科打诨、旁白等来衬托剧情，烘托气氛。

为了促进和交流侗戏改革经验，促进侗戏的繁荣和发展，从1984年起，通道、新晃、芷江、黎平、榕江、从江、龙胜、三江、玉屏、镇远、剑河、恩施等12个侗族分布的县商定，轮流举办以侗戏为主的侗族文艺会演。至1991年，已举办了五届。演出剧目除了传统戏外，还增添了许多新编戏，主要反映新时代的面貌和侗族人民的生活。1985年，榕江县侗戏团演出的《丁郎龙女》在全国少数民族剧种观摩演出中获得优秀节目演出奖和第一届全国少数民族题材剧本创作“团结奖”。1992年，贵州省从江县文化馆梁维安创作的现代侗戏《官女婿》，在第三届全国少数民族题材剧本创作评奖中荣获“金奖”，开创了侗戏作家作品获得国家金奖的纪录。

□地花灯

地花灯是流行于湖北恩施等侗族地区的一种歌舞剧，又叫“十样锦”、“花姑子”。多由二人或三人表演。传说有兄妹俩，家境贫寒，哥哥当长工，妹妹做了丫环。年三十，财主把他们赶出在外，兄妹俩无处可走，就邀请给地主放牛的放牛娃，走村串寨，舞唱乞讨，由此而逐渐演变成一种地方戏。该戏多由男女一起出演，道具、服装都较简单。表演时，男执折扇，女拿花帕，边唱边舞。舞步主要有：小八字步、大八字步、半蹲横行步、半蹲前行步、猴儿搬桩等。唱词内容多为吉利颂扬，有时夹杂着爱情趣谈。

□傩戏

有的地方称为“面具戏”，为一种娱人娱神的戏剧表演艺术，主要流行于新晃贡溪、岑巩思州等侗族地区。从渊源来看，傩戏最初产生于中原地区，随着西南民族与中原地区及汉民族交往的日渐广泛、深入，傩戏也逐渐传入西南民族地区，并结合当地的民族文化传统，形成了具有民族特色的剧种。傩戏的产生与人们早期驱鬼除病的祭祀活动有关。约在北宋时期，由巫觋主持和代表的原始巫教活动中的娱神、娱人等思想和行为相互影响、融合，形成最初的傩戏。

傩戏在表演上的最大特点是以面具为主要道具。面具以神灵偶像居多，造型威严神奇，有神秘感。制作材料可分为木雕彩绘、泥胎纸坯彩绘和笋壳彩绘几种，并常以不同的单一色彩来表现人物的性格，表现忠诚、刚直、凶悍、英武、狂傲等特点，看面具便知人物的正反角色。新晃等侗族地区的傩戏还被称为“咚咚推”、“嘎傩”、“跳戏”。它的剧目主要有两大类：一是从花鼓戏、阳戏等剧种移植来的《刘海砍柴》、《刘十四娘》、《古城会》、《桃园结义》、《关公捉貂蝉》等；一是与做法事有关的剧目，如《搬师娘》、《踩香》、《扮土地》、《封洞》、《跳小鬼》、《天府掳瘟，华佗救民》等。侗族将傩戏的面具称为“交目”，共有36个交目。在一些剧目中，36个交目可全部用上，有些仅用一部分，视戏的内容而定。其唱腔是侗族民歌吸收花灯戏、阳戏的唱腔演化而成，以鼓、锣、钹伴奏。

演出时，演员穿上自制的戏装，头缠一条丈余的青色布带子，长带两端从脑后长拖于地。演唱时，演员双手各执长带的一端舞动，做出剧情需要的各种动作，如摸胡子、牵牛、骑马等。若有道具时，则不再舞动长带，而是舞动道具。在整个演唱过程中，演员的双脚一直和着锣鼓点，踩着三角形，不停地跳动。新晃“咚咚推”尤以贡溪乡天井寨的为著名，有“头在靖州，尾在天井”或“头在新寨，尾在天井”之说。除了每年正月例行的演唱外，遇旱灾、虫灾时也要演唱，多在农历六七月进行。岑巩思州的傩戏在表演时还较为突出地显示傩技，如上刀山、脚踩红犁、手捞油锅、脚搅油锅、口含红铁、过刀桥、煮不熟的米饭、口吐红火、头戴红三脚、手抹红铁链、喊竹、过火海、砍关过渡、吃瓷碗、藏龙卧虎等，集歌、舞、祭、戏于一体，惊险、刺激、神秘而富有民族特色。

工艺美术

侗族工艺美术以建筑、织锦、刺绣、银器打制、雕刻等享有盛誉。

侗族建筑工艺主要表现在鼓楼和风雨桥的建筑上。

侗族的纺织技术具有悠久的历史。早在唐代时，侗族先民就已自种棉麻，自染侗布，织出的斑细布、白练布、白绢等，负有盛名，有的还成为贡品上贡朝廷。至清代，侗布、亮布、侗锦更闻名于世。侗布多用棉花、苎麻纺织，颜色多为黑、紫黑、白三种。有平纹、斜纹、花椒眼纹等布。布料结实耐用，布纹紧密。侗锦有的用黑白棉线织成，有的用黑白棉线和彩线掺杂织成，有的全用彩线织成。前一种多称“素锦”，后两种则称“彩锦”。侗锦图案多为几何抽象形，精美大方，古朴典雅，色彩和谐，主要用于头帕、被面、背带盖布等。侗锦以黎平、通道、三江、龙胜等地所产为著名，黎平的“诸葛锦”清代曾被邑人张应铭赋诗赞誉说：苎幅参文绣，花枝织朵匀；蛮乡椎髻女，亦有巧手人。

刺绣也是一项古老的手工艺，当姑娘们还在十三四岁时，便在母亲的指导下开始学绣花，至出嫁，均能绣出构思奇巧、色彩丰富、美观大方、朴素雅致的嫁妆。侗族刺绣方法较多，如平绣、十字绣、缠绣、插花、架花等；颜色多彩，如红、蓝、绿、黄、紫等。刺绣取材广泛，主要有花鸟鱼虫、山水树木、几何图案、民族风情等。刺绣品多用于背带、被面、枕头面、围腰、腰带、小孩帽子、帐檐、包边、衣裤边、妇女鞋子等。

银饰主要有项圈、手圈、耳环、戒指、头饰、银链、银牌、银花、银钗等。其制作工艺较为精致，如银花，小巧轻盈，造型逼真，极富立体感。新晃童帽一般在帽檐有两层银饰，上层嵌有十八罗汉，下层嵌有十八朵梅花；两鬓各饰一个月亮，月亮中有的镶双龙炼宝、丹凤朝阳，有的镶吴刚伐桂、嫦娥奔月；周围以水波浪和彩云绕边，下面各镶一个雄狮，狮子脚踏银球，在银球中穿一条银链，佩戴两鬓，以拥其帽；帽后围有七至十一根银浪链，尾端镶上鹰爪、葫芦、金鱼、瓜子、四方印、响铃等饰物。过去一般有女儿的侗族人家，大都配有一套银制品做嫁妆，故侗款中曾这样描述姑娘的装饰：项圈挂链垂到中膝，戒指手镯满手臂。

雕刻主要有泥塑、木雕、石刻。泥塑主要有鼓楼上的“双龙抢宝图”以及古今人物图、飞禽走兽等。木雕工艺主要体现在庙宇中的菩萨像、傩戏面具、家中的神龛、凳、桌、椅、门窗等的雕刻上，其图案有龙凤、花鸟、山水、禽兽等，形象生动，朴素大方。石刻主要有大型石墓上的雕刻，以及镇守山寨的石兽、井泉上的石雕石牛、山坡上的琵琶泉雕刻、萨堂上的雕刻等，所雕图案有龙蛇图案、草木、飞禽走兽及斗牛场面等。

竞技游艺

□斗牛

斗牛是人们喜爱的娱乐活动之一，在黔东南榕江、黎平、从江等地尤为盛行，多于春、冬两季较为农闲的“亥”日举行。此牛系全寨集资购买，专人喂养，体肥膘壮，不事生产，专供角斗，俗称“牛王”。侗族视拥有牛王为一个寨子的尊严，并会影响到人畜兴旺，村泰民平，故各村竞相购买。通常，一个村子都有一个牛王，有的村寨一个大姓就有一个牛王。购买牛王以自愿为原则，寨上设“牛王股”，是否入股均凭村民自由选择。所以“牛王股”不是平均负担，而是由众人根据参加户的经济实力评议负担的。斗牛期间，如果牛王斗败了，宰杀后按股分肉；如果牛王斗胜了，其他寨高价将牛买去，所得到的收益也按股分成。

侗族对牛王的饲养非常讲究。《斗牛款词》对牛王的饲养是这样记述的：“牛王到圈，先供饭食，后喂青草，排家逐户，供足精料。”牛王多圈在鼓楼里，鼓楼柱子上钉一“供料牌”，按牌上姓名顺序轮流供应一日的饲料，无论春、夏、秋、冬均有青草，采用填喂的方法。一个牛王有一个人专门负责喂养。负责喂养的人多为年长的孤鳏老人，称之为“牛王公公”。牛王公公爱牛如子，精心饲养，很受人尊敬，他的衣食由众人供给，死后由众人捐款埋葬。

斗牛有固定的场地，侗族称之为“塘”，即“场”。斗牛场按“款”或“峒”的行政管理区域划分。一个款或峒开设的斗牛场叫大场（侗语叫塘劳），以下开设的斗牛场叫小场。小场从属于大场。大场不举行节日斗牛活动，小场则可以举行。每个斗牛场有1—2个主寨，负责有关斗牛活动的日程安排事宜。斗牛日期前4—5天就得向参赛的村寨发出“传牌”，把斗牛的有关事项写在上面，背面刻以刀痕，以示“火急”，“传牌”一经发出，风雨无阻，届时一定举行，任何一个村寨和个人都无权变更斗牛日期。斗牛活动一般是在春、冬季节的“亥”日里进行。据说亥日是个公正日。12天为一亥，隔亥活动一次。

各寨接到通知后，届时牵自已的牛王到达目的地。参加角斗的牛披红挂彩，头戴绣球，颈系响铃，背插雉尾和三角彩旗。每头牛都冠以美名，如“春雷王”、“震天王”、“胜霸王”等等。每个斗牛王的名称都写在一块木牌上，叫做马牌，马牌两边或背面写有对联或“斗牛诗”，如“碰似电闪雷鸣，斗如关公斩将”等等，概为溢美之词。有的还喂糯米饭和烧酒，以增加其角斗时的勇气和力量。牛王脖颈上挂着10余只铜铃，走起路来“叮当”作响，威风凛凛。牛王后面紧跟着吹芦笙、敲锣鼓的队伍，村民们浩浩荡荡随之涌往斗牛场。由3个年轻力壮的侗族小伙牵着牛绕场三圈，称为“踩塘”，然后牵出斗牛场，在一阴凉处暂时休息。

然后由一穿着古装、手举着伞的寨老走在中间，身着盛装、吹芦笙、敲锣鼓的男青年跟随，寨老念“斗牛”款词，宣布斗牛规矩。由各寨协商，双方同意后，列出角斗的对象和顺序。三声铁炮响过后，宣布斗牛开始。两头牛王从斗牛场两端像离弦之箭冲向对方，头对头、角对角地顶撞起来。牛王在角斗中有的一碰就决出胜负，有的斗得难分难解，若在一定时间内分不出胜负，便各自用绳子拴住自己的牛向后拉，算是平局。胜者则前呼后拥，护牛绕场，欢呼雀跃，锣鼓声、鞭炮声齐鸣，震耳欲聋。斗败的牛则被牵回寨子，宰而分食之，将牛角挂在鼓楼高柱上，以示铭记，再集资买新的牛王。

侗族的斗牛活动，不仅仅是为了娱乐，而且还是社会、文化和物资交流的一种方式。斗牛场内人山人海，少则千余人，多则上万人，山间道旁摆满土特产品、日用百货、零摊小吃，应有尽有。姑娘披银戴链，打扮得花枝招展。男青年也头戴羽毛，身穿新装。斗牛结束后，男女青年聚集在一起尽情唱歌、跳舞，互赠礼物建立感情。

□抢花炮

盛行于黔东南、广西三江等侗族地区。相传古时候有个女首领，想为自己一个漂亮的姑娘选择一个既勇敢、又善良的女婿。

她出了一个主意，决定在农历的三月初三这天叫小伙子去“抢花炮”，谁在众人中抢到花炮，又不伤害他人的小伙子，便是她的女婿。于是“三月三日”这天定为“抢花炮”日被延续下来。不过，也有在农历正月、二月过的，但以三月初三较热闹，并逐渐演变成一个地方性节日——花炮节。这天，成百上千的人群围在一个宽阔的草坪上，草坪一端设有“炮台”，即裁判席，草坪中心放一“铁炮”，将一红绸布包好的铁环放在铁炮上，点燃铁炮，铁炮爆炸后将铁环冲上天空，待铁环降落时，众多年轻力壮的小伙子蜂拥而上，抢得铁环者就到炮台报告。经验证所获铁环属实，且确无伤害别人，即为获胜者，从而得到组织者提供的奖品。花炮一般要放三炮，叫头炮、二炮、三炮，分别象征福禄寿禧、幸福安康，五谷丰登、六畜兴旺，宝贵双全、吉祥如意。现在“抢花炮”已被国家列为全国少数民族运动会比赛项目，被誉为“东方的橄榄球”。“抢花炮”这天，通常都有数个寨子的男女老少，青年小伙子及姑娘汇集在一起。平时热情好客的侗族人民，借此机会请客寨的亲友到家中做客。善歌的姑娘和小伙子们自然也趁此机会到山坡上去唱歌，谈情说爱。小伙子们通常以野餐的方式来热情款待姑娘们。现在，人们还要开展多种多样的文娱和贸易活动，使节日气氛更加浓烈、活跃。

□侗拳

侗拳是侗族先民防身自卫、抵御外敌侵略、强身健体的一种拳术，它以拳头为主要攻御武器，辅以棍、刀、凳、帕等器械，以拳的变化先后为路数，形成自己的“套路”。侗拳有各种流派和拳法，按地域分，有北拳、南拳；以形状分，有鹰拳、猴拳；以器械分，有徒手拳、棍拳、刀拳、凳拳、帕拳。徒手拳最为普及，帕拳多为侗族妇女使用。

□踢毽子

流行于湖南通道侗族地区，侗族称为“哆毽”。是当地侗族青少年最时尚的一种游艺性体育。毽子种类有鸡毛毽、皮毛毽、纸条毽、绒线毽等。逢年过节，人们聚集于空旷之地哆毽，以增加节日的喜庆。踢毽子不仅是一种体育活动，也是一种交谊活动。在通道县的平坦乡横岭村，每年农历二月初二都举行盛大的哆毽活动，届时毗邻的广西、贵州一带的侗族青年男女都会前来参加活动，河滩、草坪上到处都有人哆毽。

□赛龙舟

赛龙舟是侗族民间较为喜爱的一项体育和娱乐活动，每逢节日，侗寨村与村之间就展开划龙舟的竞赛活动。贵州天柱县清水江流域的坌处、远口、兴隆、白市、江东、金鸡、瓮洞等乡镇，广西三江古宜，湖南通道播阳镇是在农历五月端午举行；通道老堡乡在农历五月十三日举行。龙舟通常用杉木制作，比赛时选用长短宽窄近似长条形的渔船进行，在船头船尾分别扎制工艺精美的龙头、龙尾作装饰。划桨也用杉木制作，长 1 米左右，上部圆柱形，下部扁平略宽。运动员由指挥、锣鼓手、桨手、舵手组成。桨手人数根据龙舟的大小长短来定，一般 24—50 人不等。锣鼓手除起渲染热闹气氛外，还起着指挥桨手划桨频率快慢的作用。

□棋艺

“三三棋”（侗语），汉译“打三棋”。

棋盘如图一，可任意临时画于地面、石板及纸上，也有用碎瓷片镶嵌于屋内地面，既起装饰美化的作用，又是家人或待客对弈之地。比赛由两人对垒，各持 12 颗不同颜色的石子作棋子，

三三棋棋盘

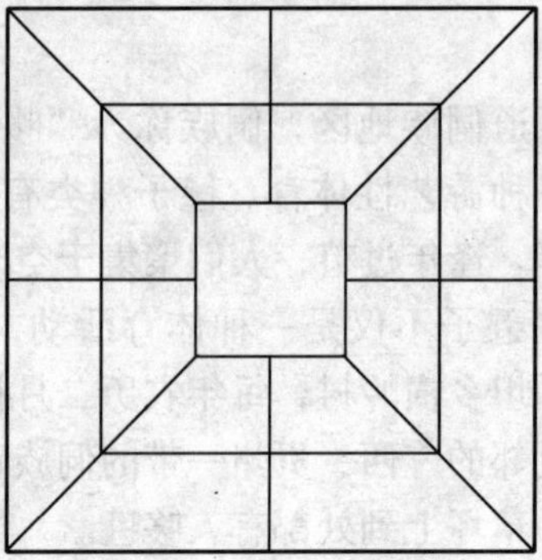

图一

先后轮流将棋子摆放于任意直线相交处，布子力求己方3子连成一条直线，并设法阻止对方3子成直线。谁方有3子连线时就为“打三”，则可任意压住对方不利于己方1子，待摆满24子后，取去双方被“打三”压掉的棋子，继续对弈。当一方棋子走动成三点一线时，就可拿掉对方任意一棋子，直至一方只剩2子或虽剩3子，但已被对方塞死不能形成3子连线，就为输。

“棋尾暮”（侗语），汉译“母猪棋”。

棋盘布阵如图二，可任意刻画于石板、地面，石子、木块均

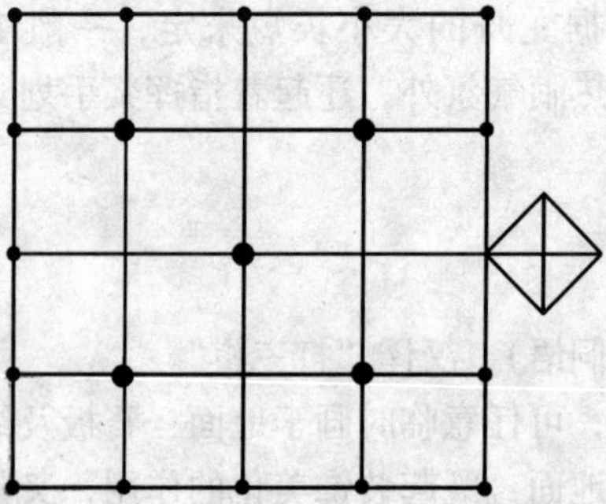

图二

可以作棋子。由2人对弈，一方持1大子代表母猪，布阵中央；另一方持20颗小子代表猪崽，布阵于另一方。运子时双方轮流沿直线移动一步，猪崽力求将母猪围入圈内（田字小格）不能动弹而取胜。母猪则力求走入两子或4子中间，可将两端猪崽挑掉，双方往返轮流挪动，猪崽被挑完或无力围困母猪告输。

“棋裆裤”（侗语），汉译“裤裆棋”。

因棋盘如裤子而得名，双方棋子布阵如图三。对弈时每方两子，每次行子一步。规定开棋第一步不准围死对方，从第二步开始，以被围死不能运行者为输。

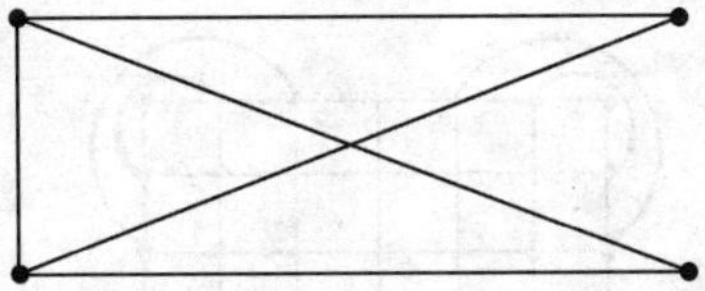

图三

“棋冲”（侗语），汉译“打炮棋”。

棋盘由4个米字格组成，如图四。由人对弈，各据一侧持不同棋子7颗，布阵如图，其余空点为双方移动棋子用。双方轮流运子过程中，每着棋沿直线运行一步。以前子作“炮架”，后子作炮弹，在运子时，若对方一子正接我方“炮架”前，我方后子

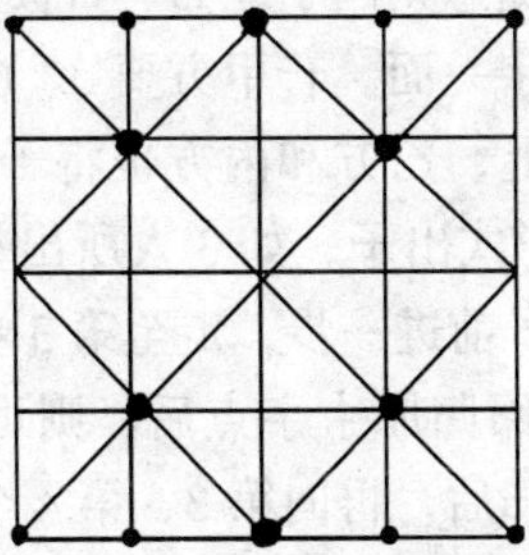

图四

即可越过炮架打中对方棋子，并将其取去。如此往返直至最后一方将另一方得子打完或被围住无子可动时告输。

“棋转”（侗语），汉译“转棋”。

棋盘及双方布阵如图五。下棋方法：由双方各布14颗棋子，首先各方进行“开路”。开路时，每次双方交替行走一步，若“路”已开通，棋子则可以绕角圈旋转运行，如在运行路上遇有对方子挡道即被己方“吃掉”，如此往返。被吃完的一方为输，在对弈中既要己方棋子运行开通道路，又要注意本方棋子不挡对方棋子运行。

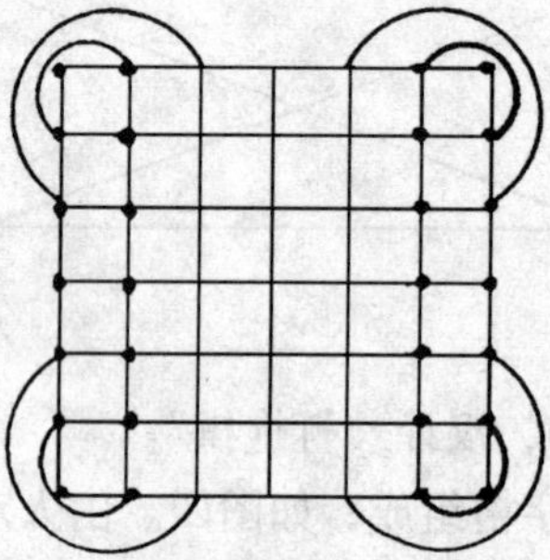

图五

“棋闷”（侗语），汉译“天棋”。

棋盘如图六。可随意刻画于地面、石板上，由3人同弈，各持一子布于所要的数字一面。若甲方要3、6、9，则甲方持的子布于3、6、9一面点上，乙方和丙方也将子布于自己所选一方。然后，3人采取猜拳形式出子，如3人所出拳之和为15或7时，由1、5、7一方的棋子前进一步，走至第3步十字点后，按顺时针方向绕四方形一周回归原十字点后，则可前进至第2个四方形。按前法绕一周回归后，再向第3、第4个四方形前进，绕第4个四方形一周后，则前进至中心的十字点，向天门方向前进，先至天门第3门者为胜，最后到达者为负。棋子运行时若碰到前

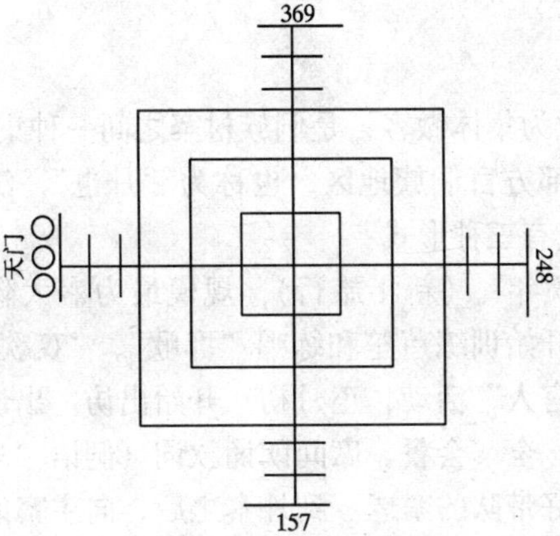

图六

方有其他人的子挡道，可将其打回起点重新开始。

□**多达能**

“多达能”汉语意为“踢水相击”，流行于黎平县的皮林、肇兴，从江的龙图、贯洞等地的村寨，是当地侗族传统的体育娱乐活动。多在夏、秋两季举行，时间不固定。内容是两对青年男女在河边以踢水和踢对方臀部为攻击方式，被踢倒人多的队为负。

当组织者鸣锣高喊“多达能拜罗!”（踢水相击去啦），侗寨的老老少少们纷纷聚到河边。青年男女们以鼓楼族姓分为两队，每队 40—50 人，有时也多达 100 人。一队在上游，一队在下游，两队相距 40 余米列开阵势。“战斗”令一发出，队员们就双手叉腰，一面踢水，一面向前进攻，短兵相接的时候，双方开始相互踢击对方的臀部，混战中有被击中而倒的，有自身失去平衡而摔倒的。每倒下一人，两岸的观众便发出热烈的掌声和欢呼声。传说当地侗族祖先是从梧州一带沿河而上到达黔东南地区，后代为了纪念祖先沿河迁徙的历史而举行这一活动。

□月贺

“月贺”意为集体做客，是侗族村寨之间一种集体联谊活动。广泛流行于南部方言侗族地区，也称为“月也”，汉语称为“吃相思”。其形式有三种形式：

第一种“贺年”（新年旅行），规模最为盛大隆重。在这以前，人们早就开始训练芦笙和练唱“耶歌”、“双歌”，一些地方还准备了抬“官人”活动，正月初八开始出访。出访之前，先在寨里预演一遍，全寨会餐。席间朗诵款词（侗语“多款”），交代注意事项，选好带队的寨老。到外寨之后，向主寨诵读款词表示祝贺，或将款词用红字写好贴于该寨的鼓楼里，接着对唱“月歌”、“双歌”和对吹芦笙。芦笙队员身穿白色的服装，装饰银白和雪白的鸡毛。除上述集体活动外，还分散到各家各户去唱琵琶歌、笛子歌。一般在一个寨子停留三天。这样一个寨子一个寨子地访问旅行，直到正月结束。

第二种“贺八月”（八月旅行），只唱双歌，不带芦笙。

第三种“芦笙贺月”。这一寨子的芦笙队去另一寨子吹“进寨曲”。主寨姑娘盛装出迎，迎到鼓楼前的芦笙坪上，主客两寨的芦笙队列队比赛。主队留来访芦笙队住宿，第二天派代表到客寨邀请客人来做客。一般三天，举行芦笙赛，对唱“耶歌”。

甲寨如果要到乙寨去做客，必须事先派人到乙寨送信，信中写明日期和要去的人数。如果乙寨认为条件成熟，可以接待，则用红纸写一回帖，甲寨便可以如期到达。如乙寨认为条件尚未成熟或本寨有事，则对送信者言明其事，表示谢绝或者改期进行。如果某一寨子准备同一个从未一起“月贺”过的寨子开展此项活动，送信人则要首先拜访该寨寨老，提出“月贺”的要求。如该寨寨老认为前来要求“月贺”的寨子是友好而有诚意的，便派人陪同送信回寨，一方面欢送新友，另一方面则去迎请“月贺”队伍。否则不予回帖，以示拒绝。但拒绝的情况一般是很少发生的。如果两寨关系极为密切，并想将这种关系继续维持下去，当客寨人离开之际，主寨还往往送一头牛给客寨，侗语称为“为胜”，意为“安尾巴”，表示永不中断之意。

“月贺”是一种友好的交往活动，在某种程度上带有结盟的性质，既增进了村寨之间的友好关系，也是求生存、扩大社会需求空间的一种方式。凡有“月贺”关系的寨子，在处理民事纠纷方面，决不诉诸武力，乱动干戈。若某一寨子受到外来侵犯，所有有“月贺”关系的寨子则在舆论和人力物力方面给予支持。又如一人在路上行走，遇到某寨人有不礼貌或不友好的行为，过路人只要声称：“我们寨子与你们寨子上有‘贺’哩”，对方顷刻变为友好。所有有“月贺”关系的寨子，各自都把对方寨子称为“贺”。“贺”有“贺瓦”和“贺主”之分。“贺瓦”为“集体盟友”；“贺主”是“个人盟友”。因此，“贺瓦”受全寨的隆重礼节接待，“贺主”只受个人家宴的款待。如主寨举行全寨性的集体宴请，所需费用则由全寨按户平均分摊，任何人家不能拒绝，否则会遭到舆论的谴责。

关于“月贺”的出现，相传有这么一个故事：

从前，侗族大多住在深山老林之中，一个寨子不知道另外一个寨子，彼此之间没有来往。有一名雅祥的人外出打猎，因为追一只山羊，在森林中迷了路。晚上，他看见许多妖魔鬼怪，好容易才度过那可怕的一夜。第二天傍晚，他找到一个从未到过的寨子并在那里投宿，结识了一个叫贯公的人。通过交谈得知，两人都有同样的经历，都认为寨子与寨子之间不交往不好。以后他们俩一起开通了一条连接两个寨子之间的道路。从此，两寨经常往来，互通有无。后来人们都学习贯公和雅祥两个寨子的办法，把道路修通了一寨又一寨，开始了友好交往。因此，今天侗族故事中有贯公、雅祥创造了“贺”之说。

□抬官人

流行于黎平县的皮林、肇兴，从江的龙图、贯洞等地的村寨，侗语称为“电宁檬”，是当地春节“月贺”中的重要活动。抬官人主要目的是娱乐，增添节日的欢乐气氛，其次是增进寨与寨之间的团结，加深男女青年之间的相互了解，建立感情。这一活动的参加者多是中青年。“官人”由寨上一青年所饰（也有叫小孩扮演的），乘一遮顶滑竿，四人抬着，前呼后拥，威风凛凛。“官人”官气十足，一言不发，目中无人。“官人”进寨前，先派4—5人抹成花脸，前往邻寨报信。信用红纸写成，贴于一块木牌上。上书：“悉贵寨春节欢聚，我军得令转移，前来祝贺。寨老大人福安，某某寨赖（乞）食军。某年某月某日。”

主寨寨老得信后，即带领该寨男女老少前往寨口迎接。三声铁炮响过后，“官人”队伍在一片欢乐的芦笙声中进入歌坪。“官人”前面，数人鸣锣开道，手持矛、戟、枪、剑者跟随，后面是“官人”和“官夫人”，再后面是“随从”。随从打扮得五花八门，有扮远古的原始人，有饰传说中的妖魔鬼怪，有饰蒙面大盗，有饰匪兵或乞丐等。“官人”队伍如经外寨鼓楼歌坪，必须绕鼓楼三圈而行。此刻，便有“良民百姓”吹芦笙鸣炮，端茶送水而至。“官人”饮茶后，即赠红色礼钱一包，以示谢意。再行，若遇见“衣衫褴褛的人”挡道，向“官人”和“官夫人”索要钱财，“官人”不得不给。又再行，还有扮作兵卒者向官人乞讨“压岁钱”，“官人”还必须给。官人来到寨中鼓楼前，姑娘便以歌拦路，智取“官人”囊中财。姑娘们每唱完一首歌，“官人”就将钱递出，直至递完为止。常常是能歌善唱的姑娘接踵而来，歌声此伏彼起，“官人”递钱不迭，应接不暇，旁观者则连声喝彩，气氛异常热烈。

“官人”队伍中各式打扮的人也各显神通，表演拿手好戏，围聚的观众也不时欢声雷动。随“官人”而来的还有盛装打扮的姑娘们，她们手提各种各样可口的食品，进入歌坪后即有礼貌地赠给该寨的寨老和正在跳舞的小伙子们。等“官人”施舍完毕，姑娘们将食品赠尽，“随从”们也收场归队，主寨则吹芦笙、鸣炮送至寨口。至此，抬“官人”活动全部结束。

□勿龙客

即玩龙，榕江车江、三宝一带的侗族村寨，在春节期间举行玩龙活动，以此增进村寨间的团结和友谊。每年春节快到来的时候，承办寨先向各寨发出玩龙的信函，各寨接信之后即写回帖，并做好迎接客人的准备。届时客人到来，寨老即带本寨青年前往寨口放炮迎接，引龙入寨。朝拜后，引至龙塘（寨子接龙的地方）舞龙。塘内黄龙翻滚，爆竹响彻云霄，花炮火光四溅，主寨以把黄龙灼得遍体鳞伤为荣。舞龙接近尾声，主寨姑娘到塘内拉抢龙宝（红、蓝、黄、白、绿、青、紫、橙等八宝）。此时，客寨的青年、小孩随同持宝人到姑娘塘对歌、吃点心，接下来主寨设宴款待客人。

□插杆郎

侗语称“勿顶苟毛”，为贵州榕江县苗兰、宰荡一带侗族青年的社交活动。农历八九月，糯禾将熟，甲寨罗汉邀约乙寨姑娘勿顶苟毛，姑娘同意后，以粘满棉球的竹枝悄悄插到罗汉田中。罗汉知道姑娘们已选定这块田作为罗汉田后，待禾成熟即邀约姑娘一道摘禾，不论收多收少，全部挑往姑娘家作扁米。晚上，男女青年边吃扁米，边尽情唱歌，直至第二天方返回。

小伙子走后，姑娘们把余下的禾打米酿酒，择吉日请罗汉们前来喝酒。小伙子们来时，凑钱买一头肥猪到姑娘家宰杀，与姑娘们饮酒对歌，谈情说爱，加深感情。小伙子们回家时，姑娘们将布匹、鞋垫、花帕等物作纪念品相赠，小伙子们也趁机给自己心上人回赠礼品或互换信物定下终身。①

① 贵州省榕江县志编纂委员会编：《榕江县志·民族》，贵州人民出版社，1999年版。

主要参考书目

1. 贵州省榕江县志编纂委员会编：《榕江县志》，贵州人民出版社，1999年版。

2. 贵州省天柱县志编纂委员会编：《天柱县志》，贵州人民出版社，1993年版。

3. 湖南省通道侗族自治县县志编纂委员会编：《通道县志》，民族出版社，1999年版。

4. 贵州省锦屏县志编纂委员会编：《锦屏县志》，贵州人民出版社，1995年版。

5. 贵州省镇远县志编纂委员会编：《镇远县志》，贵州人民出版社，1992年版。

6. 新晃侗族自治县编纂委员会编：《新晃县志》，生活·读书·新知三联书店，1993年版。

7. 三江侗族自治县县志编纂委员会编：《三江侗族自治县志》，中央民族学院出版社，1992年版。

8. 靖州苗族侗族自治县县志编纂委员会编：《靖州县志》，生活·读书·新知三联书店，1994年版。

9. 玉屏侗族自治县县志编纂委员会编：《玉屏侗族自治县志》，贵州人民出版社，1993年版。

10. 芷江侗族自治县县志编纂委员会编：《芷江县志》，生活·读书·新知三联书店，1993年版。

11. 黔东南苗族侗族自治州地方志编纂委员会编：《黔东南苗族侗族自治州志·交通志》，贵州人民出版社，1993年版。

12. 贵州省编辑组：《侗族社会历史调查》，贵州民族出版社，1988年版。

13. 广西壮族自治区编辑组：《广西侗族社会历史调查》，广西民族出版社，1987 年版。

14. 贵州省剑河县地方志编纂委员会编：《剑河县志》，贵州人民出版社，1994 年版。

15. 张民主编：《贵州少数民族》，贵州民族出版社，1991 年版。

16. 杨权编著：《侗族民间文学史》，中央民族学院出版社，1992 年版。

17. 《侗族百年实录》（上、下册），中国文史出版社，2000 年版。

18. 王胜先主编：《侗族文化史料》（1—10 卷），黔东南苗族侗族自治州民委民族研究所。

19. 傅安辉、余达忠著：《九寨民俗——一个侗族社区的文化变迁》，贵州人民出版社，1997 年版。

20. 张世珊、杨昌嗣编著：《侗族文化概论》，贵州人民出版社，1992 年版。

21. 王胜先、罗庭华、刘振国主编：《侗族文化新论》，贵州人民出版社，1991 年版。

22. 王胜先著：《侗族文化与习俗》，贵州民族出版社，1989 年版。

23. 《侗族简史》编写组：《侗族简史》，贵州民族出版社，1985 年版。

24. 罗庭华、王胜先主编：《侗族历史文化习俗》，贵州人民出版社，1989 年版。

25. 中国当代文学研究会少数民族文学分会：《少数民族民俗资料》（上、下册），内部资料。

26. 侗学研究会编：《侗学研究》，贵州民族出版社，1991 年版。

27. 黔东南州文化局编、杨瑞岐主编：《贵州侗戏》，贵州民族出版社，1989年版。

28. 贵州省文管会办公室、贵州省文化出版厅文物处编：《贵州文物古迹传说选》，贵州人民出版社，1985年版。

29. 杨通山、蒙光朝、过伟、郑光松、周东培编：《侗族风情录》，四川民族出版社，1983年版。

30. 刘芝凤著：《中国侗族民俗与稻作文化》，人民出版社，1999年版。

31. 杨筑慧著：《各民族共创中华》（西南卷中册），甘肃文化出版社，1999年版。

32. 冼光位主编：《侗族通览》，广西民族出版社，1995年版。

33. 杨权、郑国乔、龙耀宏著：《侗族》，民族出版社，2003年版。

34. 吴祥雄主编：《湖南侗族风情》，岳麓书社，2003年版。

35. 吴浩主编：《中国侗族村寨文化》，民族出版社，2004年版。

36. 邓敏文、吴浩著：《没有国王的王国侗款研究》，中国社会科学出版社，1995年版。

37. 余达忠著：《侗族民居》，华夏文化艺术出版社，2001年版。

38. 石开忠著：《侗族鼓楼》，华夏文化艺术出版社，2001年版。

39. 张泽忠著：《侗族风雨桥》，华夏文化艺术出版社，2001年版。

40. 冯祖贻等著：《侗族文化研究》，贵州人民出版社，1999年版。

41. 贵州省地方志编纂委员会编：《贵州省志·民族志》（上），贵州民族出版社，2002年版。

附录：

“四普”、“五普”部分省区侗族人口分布一览表

省区	“四普”（1990 年）			省区	“五普”（2000 年）		
	总计：2508624				总计：2960293		
	小计	男	女		小计	男	女
贵州	1399796	740462	659334	贵州	1628568	869205	759363
湖南	749026	400733	348293	湖南	842123	448292	393831
广西	287541	147853	139688	广西	303139	156153	146986
湖北	54645	29859	24786	湖北	69947	38418	31529
广东	3233	845	2388	广东	55870	25767	30103
江苏	1287	236	1051	江苏	9528	2134	7394
安徽	520	199	321	安徽	1917	423	1494
四川	2712	1414	1298	四川	1940	959	981
山东	613	348	265	山东	1245	508	737
浙江	683	162	521	浙江	17906	9524	8382
河南	518	230	288	河南	1314	633	681
河北	703	153	550	河北	2317	869	1448
福建	513	177	336	福建	5768	3452	2316

资料来源：第四次、第五次全国人口统计数据

后　记

我从小生长在侗族地区，故乡是风光旖旎的榕江车江大寨。在侗族地区长大的我，对本民族的文化过去一直没有太多的好奇心，并已习惯它们的存在。多年来我一直从事的是云南边疆民族的调查与研究。当我从跨文化研究中获得学术启示时，蓦然回首，才发现自己民族的文化原来也是如此的神奇。感谢中央民族大学出版社和中央民族大学民族学与社会学院给了我撰写和出版本书的机会，使我对本民族的历史和文化有了一次较为全面、系统的认识和梳理。

在本书的撰写过程中，我得到了贵州省民族研究所张民研究员、中央民族大学附属中学杨进铨老师和中央民族大学少数民族语言文学系杨权教授的热心帮助，他们为我提供了大量的资料，在此表示最诚挚的谢意！还要感谢我的父母，是他们把侗族文化的诸多知识传授给我，为我的写作提供了宝贵的资料。即使北京和车江远隔千里，但每当我碰到疑问时，往往一个电话就可以找到答案，使我一次又一次得到民族传统文化的教育。此外，还要感谢在多次调查过程中给予我诸多帮助的朋友、亲戚及同胞们，是他们使我对本民族社会和文化又有了更宽广的视角和认识。最后需要特别致谢的是榕江、从江、三江、锦屏、天柱、通道、黎平、新晃、镇远、靖州、剑河、芷江等县志办的前辈们，他们对侗族社会历史文化的调查与研究，为本书的撰写提供了大量素材。由于时间和篇幅的限制，本书还存在许多不足之处，若今后有再版机会，我将做进一步的修改和完善。

作　者

2005年12月